나의
민트 맛
소녀시대

## 나의 민트 맛 소녀시대

20세기 소녀의 레트로 만화영화 에세이

ⓒ 백설희 2025

초판 1쇄    2025년 3월 24일

지은이    백설희

| | | | |
|---|---|---|---|
| **출판책임** | 박성규 | **펴낸이** | 이정원 |
| **편집주간** | 선우미정 | **펴낸곳** | 도서출판 들녘 |
| **기획이사** | 이지윤 | **등록일자** | 1987년 12월 12일 |
| **편집진행** | 이수연 | **등록번호** | 10-156 |
| **편집** | 이동하·김혜민 | **주소** | 경기도 파주시 회동길 198 |
| **디자인** | 조예진 | **전화** | 031-955-7374 (대표) |
| **마케팅** | 전병우 | | 031-955-7389 (편집) |
| **경영지원** | 나수정 | **팩스** | 031-955-7393 |
| **제작관리** | 구법모 | **이메일** | dulnyouk@dulnyouk.co.kr |
| **물류관리** | 엄철용 | | |

ISBN    979-11-5925-932-6 (03810)

값은 뒤표지에 있습니다. 파본은 구입하신 곳에서 바꿔드립니다.

# 차례

## 1장. 소녀의 마음을 사로잡은 만화영화 속 작은 세계

세느강의 별, 내 모든 것의 원형 〈세느강의 별〉...7
첫 번째 결혼기념일에 첫사랑을 재회했다
〈명탐정 셜록하운드〉...14
나도 쌍둥이 자매가 있었으면 좋겠어 〈요술소녀〉...21
황혼보다 어두운 자여 내 몸에 흐르는
피보다 붉은 자여 〈마법소녀 리나〉...27
당신이 세일러 문을 사랑하는 이유는
무엇인가요? 〈달의 요정 세일러 문〉...34
평범한 사람에게는 평범한 사람만의 행복이
있지 〈빨간 머리 앤〉...42
천사소녀 네티는 10만 원을 훔쳐 갔습니다
〈천사소녀 네티〉...50
코끝에선 화 입안에선 후!
당신의 첫 민트는 무엇이었습니까?
〈뽀로롱 꼬마 마녀〉...57
다들 유체리처럼 롤러블레이드 신고
등교해본 적 있죠? 〈카드캡터 체리〉...65

## 2장. 남자아이의 로망? 아니, 모든 어린이의 로망!

로봇을 사랑하는 마음, 로봇과 사랑하는 마음
〈로봇수사대 K캅스〉...72
그렇게 어른이 된다 〈절대무적 라이징오〉...80
나는 당근이 싫어요! 〈번개전사 그랑죠〉...86

피구는 아무 잘못이 없다 〈피구왕 통키〉...96
언젠가 나에게도 공룡 친구가 생길지 몰라
〈공룡대행진〉과 〈사우르스 팡팡〉...102
공을 차는 공주는 어디든지 간다 〈쥐라기 월드컵〉...109
어린이는 어른이 없는 사이에 자란다 〈공룡시대〉...116

## 3장. 어린이는 만화영화를 통해 어른이 된다

요즘 아이들은 '자축인묘 진사오미 신유술해'를
어떻게 외우나요? 〈꾸러기 수비대〉...123
내 침대 밑 천사의 립스틱 〈웨딩피치〉...131
그리고 마침내 2020년이 도래하고 말았습니다
〈2020 우주의 원더키디〉...138
욕심쟁이 오리아저씨, 언제쯤 저도
금화의 바다에서 헤엄치게 될까요?
〈디즈니 만화동산〉...144
열한 명의 도플갱어가 있다면,
무엇을 하고 싶습니까? 〈시간탐험대〉...150
기분이 '룬룬'한 날, 꽃의 천사 루루가 나타나기를
〈꽃천사 루루〉...158
신데렐라는 계모와 언니들과 화해할 수 있을까?
〈신데렐라 이야기〉...164
우리 도깨비가 좋은 것이여 〈꼬비꼬비〉...169
누가 우리의 눈물을 부정하는가 〈흙꼭두장군〉...175
나는요 아직도 둘리가 좋은걸
〈아기공룡 둘리: 얼음별 대모험〉...181

**저자의 말: 와츄고나두(what you gonna do)...187**

# 1장
# 소녀의 마음을 사로잡은 만화영화 속 작은 세계

# 세느강의 별, 내 모든 것의 원형元型
〈세느강의 별〉

1980~1990년대에 태어난 오타쿠에게 최초의 이국(異國)은 어디일까? 역시 일본일까? 나의 경우는 의외로(!) 프랑스와 영국이었다. 이유는 단순하다. 당시 우리나라 방송국에서 수입하여 틀어주었던 만화영화들이 대부분 프랑스와 영국을 배경으로 삼고 있었기 때문이다. 〈쌍둥이 줄루 줄리〉〈쾌걸 조로〉 그리고 〈세느강의 별〉까지 그러했더랬다.*

우리 엄마가 정말로 좋아했던 〈쌍둥이 줄루 줄리〉는 1991년 프랑스에서 제작된 만화영화라, 일본 만화영화인 〈쾌걸 조로〉나 〈세느강의 별〉과는 조금 결이 다를 수도 있겠다. 그러나 전 유럽을 돌아다니는 방대한 스케일은 1994년 당시 다섯 살밖에 되지

---

* 미리 말씀드리자면, 방영 당시에 대한 기억과 실제 방영 시기에는 차이가 있습니다.

않았던 내게 프랑스라는 나라와 유럽에 대한 로망을 심어주기에 충분했다.

내 기억에서 가장 오래된 만화영화 〈쾌걸 조로〉 역시 마찬가지였다. 사실 실제 배경은 프랑스나 영국과는 전혀 관련 없지만, 어린 나는 노란 머리에 파란 눈은 무조건 프랑스 사람인 줄 알았기에(…) 내 멋대로 프랑스 사람이라 생각해버렸던 것 같다. (참고로 갈색 머리는 영국 사람이라고 생각했습니다.)

이런 로망은 이윽고 접한 〈세느강의 별〉로 인해 최고조에 달했다. 파리 한복판을 관통하여 흐르는 센강(내내 경기도에서만 살아서 그때엔 한강에 큰 감흥이 없었습니다)과 아스팔트나 보도블록이 아닌 네모난 돌로 포장된 돌길(어릴 때는 이런 것마저 멋져 보였답니다), 종 달린 첨탑이 있는 동네까지…. 하지만 우습게도 저는 지금까지 이 모든 것이 있는 유럽에 단 한 번도 나가본 적이 없답니다….

그때는 너무 어렸기에 당시 봤던 만화영화들이 일본에서 제작되었으리라고는 생각하지 못했다. 배경이 동양이면 우리나라에서 만든 것이고, 서양이면 프랑스나 영국, 미국에서 만든 것이라 여겼다. 배경 및 자막이 전부 로컬라이징된 데다 우리말로 더빙까지 되어 있었으니까. 그것들이 대부분 일본에서 제작되었음을 깨닫기 시작한 건 1998~1999년 김대중 대통령이 일본 대중문화 개방 정책을 펼쳤을 때부터였다.

여하튼 그런 연유로 〈세느강의 별〉 또한 프랑스에서 제작된 작품이라 철석같이 믿었던 어린 시절의 내가 처음으로 만난 여성 영웅은 '쟌느'였다. 〈신풍괴도 쟌느〉에서의 '쟌느'가 아니라.*
1998년에 〈뮬란〉을 만나기 전까지 쟌느는 내 마음속 최고의 여성 영웅 자리를 굳건히 지켰다. 꼭 여성 영웅 캐릭터 때문이 아니더라도 〈세느강의 별〉은 내게 있어서 좀 특별한 의미를 가지고 있다.

〈세느강의 별〉과 앞서 말한 〈쾌걸 조로〉는 '일반 시민이 특수한 상황이 되면 가면을 벗고 특별한 능력을 드러낸다'는 설정을 처음 접하게 해준 작품이다. 평소에는 평범해 보이다 못해 조금 덜떨어진 사람인데 사실 어마무시한 두뇌나 신체 능력을 숨기고 있다면? 너무 멋있잖아?! 이런 반전 매력에 대한 나의 호감과 환상은 이윽고 〈무적 파워레인저〉**의 블루 레인저 '빌리'에게 이어졌으며, 세월이 더 흐르고 흘러 남녀를 불문하고 안경 쓴 사람을 좋아하는 취향으로까지 발전했는데… 내 은밀한 취향(?)에 이런 역사가 있다는 사실을 정말 최근에야 깨달았다.

---

\* 참고로 타네무라 아리나의 〈신풍괴도 쟌느〉는 만화책으로도, '신의 괴도 쟌느'라는 제목으로 나온 만화영화로도 보지 않았답니다. 오타쿠 실격!

\*\* 원제는 '마이티 모핀 파워레인저(Mighty Morphin Power Rangers).' 나와 동년배들이 "고 고 파워레인저"라는 강렬한 주제가로 기억하는, 일본의 슈퍼전대 시리즈 〈공룡전대 쥬레인저〉의 미국 리메이크판이다. 1994년에 KBS 2TV에서 방영했는데, 미국 하이틴 드라마 분위기를 물씬 풍겨서 엄청 좋아했다. 개인적으로 미국 하이틴물이라고 하면 제일 먼저 생각나는 작품.

이 취향은 또 다른 방면으로 가지를 뻗어나갔다. 일반 시민이 특수한 상황이 되면 가면을 벗고 특별한 능력을 드러낸다는 설정. 어쩐지 익숙하지 않습니까? 맞습니다. 바로 마법소녀물을 가리키는 것입니다 여러분-! 로맨틱한 상황에서 반전을 보여주는 사람을 동경했던 나는, 스스로가 바로 그 반전 있는 사람이 될 수 있는 마법소녀물에 정신없이 빠져들었다. 즉 정리하자면 내가 지금까지 고수하고 있는 취향의 원형이 바로 〈세느강의 별〉인 것이다! 그러니 당연히 〈세느강의 별〉은 나에게 특별한 작품일 수밖에 없다.

〈세느강의 별〉은 1995년 방영될 당시 에는 그다지 큰 인기를 끌지 못했다. 그래서 이 작품을 모르는 이들이 있을 수도 있으니 작품의 내용을 조금 설명해보고자 한다. 주인공이자 꽃집 딸내미인 쟌느는 어느 날 프랑스 귀족의 어처구니없는 횡포로 인해 그만 부모님을 잃고 고아가 된다. 이에 분노한 쟌느는 복수를 꿈꾸며 어느 귀족의 양녀로 들어가 검술 수업을 받는다. 그런 그의 앞

---

사실 내가 기억하기로는 1995년보다 훨씬 더 오래전에 방영된 것 같다. 1993년에 방영되었던 〈쾌걸 조로〉와 비슷한 시기라고 생각했는데, 여기저기서 자료를 찾아보니 하나같이 1995년에 들어왔다고 한다. 워낙 올드한 그림체라 내가 옛날에 봤다고 착각했을 수도 있다. 원제는 '라 세느의 별(ラ・セーヌの星)'로, 1975년에 제작되었다.

에 '검은 튤립'이란 이름으로 의적 활동을 하고 있던 남자가 나타난다(그는 남작의 아들인데… 이름이… 이름이… 기억나지 않는다!). 쟌느는 남자의 제안을 받아들여 귀족들을 응징하는 '세느강의 별'이 된다. 낮에는 꽃을 파는 지고지순한 소녀가 밤이면 칼을 든 정의의 사도가 되어 악당들을 혼내준다니! 어떤 소녀가 이런 설정에 가슴 설레지 않을쏘냐!

그리고 후반부에 다다르면 엄청난 반전이 있다. 사실 꽃 파는 소녀 쟌느는 프랑스의 왕비 마리 앙투아네트의 이복 여동생이었던 것이다. 그때까지 세느강의 별과 검은 튤립의 최종 타깃은 왕실의 귀족들이었다. 하지만 출생의 비밀을 알게 된 쟌느는 '세느강의 별'로 사는 삶을 그만둔다. 한편 핍박에 못 이긴 프랑스 민중들이 드디어 들고 일어나 그 유명한 프랑스혁명이 일어나게 되는데… 어쩐지 익숙한 이야기지요? 그것은 이 작품이 그 유명한 〈베르사이유의 장미〉와 마찬가지로 프랑스대혁명 전후를 배경으로 삼고 있기 때문입니다!

나는 〈베르사이유의 장미〉가 아닌 〈세느강의 별〉을 통해 프랑스대혁명을 배웠다. 마지막 화의 단두대 처형 신이 특히 충격적인 기억으로 남아 있다. 단두대 위에 목을 올려놓는 루이 16세. 줄이 끊기며 칼날이 내려오고, 무언가가 잘려 나가는 "텅!" 소리가 들리자 군중은 환호한다. 이어 앙투아네트가 단두대에 오른다. 그는 쟌느가 빗겨준 머리칼 위에 보닛을 쓰고 있었는데, 단두대에 목을 대자 사형집행인이 그 보닛을 벗겨 던져버린다. 마리 앙투아네트의 보닛이 바람을 타고 하늘하늘 흩날리는 가운데 또 다시 "텅!" 소리와 함께 환호성이 울리고….

〈베르사이유의 장미〉는 제대로 안 봐서 이 장면을 어떻게 묘사했는지 모르겠네. 이렇게 말하는 이유는 〈세느강의 별〉이 본래 〈베르사이유의 장미〉를 애니메이션화하려다 원작가 이케다 리요코의 반대로 할 수 없게 되자, 대신 대부분의 내용과 설정을 따와서 만든 작품이기 때문이다. 어쩐지 너무 비슷하더라. 내가 1997년에 방영한 〈베르사이유의 장미〉에 큰 흥미를 느끼지 못했던 것은 앞서 〈세느강의 별〉을 보았기 때문일지도 모르겠다.

최근 〈세느강의 별〉 후반부 감독이 무려 〈기동전사 건담〉을 만든 토미노 요시유키라는 사실을 알고 입을 틀어막았다… 나란 아이는 어쩜 이렇게 정석적인 '오타쿠 로드'를 밟으며 자란 걸까! 아니, 반대로 어렸을 때부터 이런 걸 봤기 때문에 오타쿠가 된 것일 수도.

〈세느강의 별〉에서 시작한 내 취향의 여정(?)을 되짚어 가자니

당시 이케다 리요코가 왜 〈베르사이유의 장미〉의 애니메이션화를 반대했는지, 그리고 후일 왜 마음을 바꾸어 허락했는지에 대해서는 일본 웹사이트를 아무리 찾아봐도 알아낼 수 없었다. 〈세느강의 별〉을 만들 정도로 열정적인 제작진들이 그를 설득한 게 아닐까 싶다. 다만 이케다 리요코는 1979년 TV 애니메이션 〈베르사이유의 장미〉가 제작된 뒤에도 눈이 아프다며 끝까지 본 적이 없다 하니, 애니메이션이라는 매체 자체에 거부감이 있는 건 아닐까 추측해볼 뿐이다.

새삼 신기하다. 지금의 나를 만든 취향이 내가 어릴 때 접했던 만화영화에서 비롯되었다니, 그리고 이 모든 부분이 연결되어 있다니 말이다. 사실 〈세느강의 별〉은 내가 그렇게까지 푹 빠져 있던 작품도 아닌데. 이래서 어릴 때 어떤 콘텐츠를 접하느냐가 중요하다고 하는구나, 싶다.

나만 이런 건 아닐 테다. 모든 이의 세상이 어릴 때 좋아하던 감정의 연장선상 위에 놓여 있겠지. 내 직장 동료 C 씨의 세계가 〈요괴인간〉에서 출발했듯이, 또 나의 남편 H의 세상이 〈당가드 에이스〉에서 생겨났듯이. 나는 이런 걸 찾아서 하나하나 거슬러 올라가는 과정을 정말 좋아한다. 이렇게 만들어진 모든 이의 세상을, 계속해서 엿보고 싶다. 그 과정을 하나하나 함께 더듬고 싶다. 화석을 발굴하듯 그 흔적을 하나씩 하나씩 캐내며, 엄청 좋아했지만 지금은 잊고 사는 것들을 재발견하는 그 현장에 서 있고 싶다.

그러니까 묻고 싶습니다.
당신의 세상은, 어디에서부터 시작되었나요?

---

혹성로보 단가드 A(惑星ロボダンガードA). 1977~1978년에 일본에서 방영된 만화영화인데, 원작은 〈은하철도 999〉를 그린 마츠모토 레이지의 만화다. 1986년 MBC에서는 '날아라 스타에이스'란 이름으로 잠깐 방영했었다고. H가 말한 〈당가드 에이스〉는 1990년대에 나온 비디오판의 제목이다.

# 첫 번째 결혼 기념일에 첫사랑을 재회했다
〈명탐정 셜록하운드〉

첫사랑, 국립국어원 표준국어대사전은 '처음으로 느끼거나 맺은 사랑'이라 정의하고 있는 감정. "당신의 첫사랑은 누구였습니까?" 하고 질문하면 보통 이런 대답이 나온다. 옆집에 살던 누구, 같은 반 누구, 학교에서 유명했던 어떤 선후배 등…. 그렇지만, 그렇지만 말이다. 나 같은 오타쿠(!)들은 '첫사랑'이라는 감정을 현실의 사람이 아니라 가상의 만화 캐릭터에게 느끼기도 한다. 나는 〈쾌걸 조로〉의 '조로'였다는 답을 들은 적도 있고(이해한다. 나 또한 그에게 마음이 좀 설렜었다), 한국에는 '천사소녀 네티'라는 제목으로 알려져 있는 만화영화 〈괴도 세인트테일〉의 '셜록스'한테 푹 빠졌다는 사람들도 익히 보아왔다. 그 외에도 〈이누야샤〉의 '셋쇼마루'나 〈다! 다! 다!〉*의 남자주인공 '우주(사이온지 카나타)' 등

* 만화책 제목은 '우리 아기는 외계인.'

을 첫사랑으로 꼽는 사람들이 꽤 있었지만… 지금까지 나랑 첫사랑 상대가 겹치는 이는 만난 적이 없다.

나의 첫사랑은, 그래, '명탐정 셜록하운드'였다. 나는 셜록하운드를 통해서 탐정이란 직업을 처음 알았다.

〈명탐정 셜록하운드〉의 원제는 '명탐정 홈즈(名探偵ホームズ).' 우리나라에서는 1986년에 '명탐정 번개'라는 제목으로 처음 방영되었다지만, 그때 나는 세상에 존재하지도 않았다. 내가 본 건 재더빙되어 1995년 6월부터 7월까지 SBS에서 방영된 버전이었다. 새로 더빙하면서 '번개'는 '셜록하운드'로 개명(?)하였는데, 개인적으로 이게 신의 한 수였다고 생각한다. 배경이 영국인데 이름이 '번개'라니! 아무리 주 시청자가 어린이라고 해도 그렇지! 아이들도 우리나라 이름과 외국 이름을 구별할 줄은 안다고! '셜록하운드'라는 멋진 이름을 생각해낸 분에게 무한한 박수갈채를 보내드리고 싶은 마음뿐이다.

나는 '셜록하운드'라는 멋들어진 이름을 가진 강아지(!)를 보자마자 마음을 빼앗겨버렸다. 이 만화영화의 가장 큰 특징은 모든 등장인물이 강아지 인간으로 묘사되어 있다는 것이다. 〈명탐정 셜록하운드〉, 아니 〈명탐정 홈즈〉는 이탈리아의 국영방송국 RAI가 기획하고 일본의 애니메이션 제작사 도쿄무비신샤가 제작한 만화영화다. 등장인물이 모두 개의 모습을 하게 된 건 기획을 담당한 RAI 측의 강력한 요청 때문이라고 한다(이후 RAI는 강아지 인간이 등장하는 또 다른 작품을 기획하게 되는데, 바로 〈몬타나 존스〉다. 당연히 나는 〈몬타나 존스〉에도 열광했다). 매우 놀랍게도(!) 지브리 스튜디오의 창립자 미야자키 하야오 감독도 제작에 참여했으며(!) RAI의 결정에 엄청 불만을 표했다고 한다. 그가 총괄 제작을 담당한 것은 아니고 전체 시리즈 중 여섯 편 남짓한 에피소드만 연출했다는데, 그가 관여한 에피소드의 퀄리티가 지나치게 뛰어나 전설로 남았다고 들었다.

'들었다'고 말한 것은 당시 나는 그 사실을 몰랐기 때문이다. 유난히 완성도가 좋았던 화 같은 것도 기억 안 난다. 사실 그 정도로 꼬박꼬박 챙겨 보지 않았으니까. 당시 우리 집의 채널 결정권은 나보다 세 살 어린 남동생에게 있었으며, 1995년은 봐야 하는 만화영화가 넘쳐나던 시대였다. 그때 내가 봤던 걸로 기억하는 만화영화는 〈그레이트 다간〉 〈꼬비 꼬비〉 〈뽀로롱 꼬마 마녀〉 〈돌고래 요정 티코〉 〈사우르스 팡팡〉 〈영광의 레이서〉 〈우주선장 율리시스〉(우리 엄마가 좋아했다) 〈꽃의 천사 메리벨〉 〈세느강의 별〉 〈밀림의 왕자 레오〉(이 작품 역시 엄마가 참 좋아했다) 〈고슴도치 소닉〉 (게임이 아닌 만화로 소닉을 먼저 알았다) 등이었다… 헥헥. 이 중에서 내용이 제대로 기억나는 작품은 얼마 없다. 대부분 강렬한 몇몇 장면만이 남아 있을 뿐이다. 〈돌고래 요정 티코〉랑 〈꽃의 천사 메리벨〉이 그렇다. 내 첫사랑을 만났다 자부하는 〈명탐정 셜록하운드〉 역시 그러하다. 슬프게도.

딱 하나 기억나는 장면은 있다. 셜록하운드가 입에 파이프 담배를 물고, 긴 다리로 자전거를 타고 질주하다가, 하늘 높이 떠오르는 악당(아마 모리어티였겠지?)의 비행선인지 행글라이더인지 모를 비행물체에 급히 올라타는 장면이다. 어린 눈에 그 모습이 너무나도 멋져 보였다. 그때부터 내게 셜록하운드는 탐정의 원형, 프로토타입(prototype)으로 남았다. 왜, 그런 거 있잖은가. 으레 '탐정이라면 이래야지!' 하는 옷차림 말이다. 파이프 담배와 외알 안경, 사냥모자를 항상 쓰고 다니며 망토 달린 코트 주머니 안에는 늘 돋보기가 들어 있는…. 나는 이러한 탐정의 이미지를 셜록 홈즈가 아닌 셜록하운드를 통해 알았다. 사실 셜록하운드의 원작 소설 삽화를 그렸던 시드니 패짓이 만들어낸 이미지라고는 하는데, 뭐 아무렴 어떤가. 이 복장으로 등장하는 인물들은 하나같이 '간지'가 나는데!

그 때문일까? 언제부턴가 나는 탐정의 꿈을 꾸었다. 영문은 모르겠는데 그때 주변에 이상하리만치 탐정 관련 책이 넘쳐났다. 아마 추리력 발달이 어쩌고 하는 등의 교육 붐이 일었던 것 같다. 그 유명한 김충원 선생님이 『추리력 만화 퀴즈』같은 책을 내실 정도였으니(물론 나도 냉큼 사서 읽었다). 당시 나는 탐정이 되려면 어떻게 해야 하는지 전혀 몰랐기에 제목에 '탐정'이 들어가는 책이라면 그저 닥치는 대로 읽었다. 이모 집에 놀러갔다가 읽은 『에

디어스토커(deerstalker)라고 하는 모양이다.
이건 또 인버네스 케이프(inverness cape)라고 하는 모양이다.

밀과 탐정들』(그때는 몰랐다. 이게 에리히 코스트너의 책이란 사실을!), 학급문고에 꽂혀 있던 자전거 탐정『톰 터보』시리즈(2022년에 이 시리즈가 복간된 것을 뒤늦게 알았다. 만세!), 도서실에서 친구가 읽길래 따라 읽다가 푹 빠져버린『소녀탐정 카메라』등. 그중에서 내 마음을 사로잡은 건 우연히 학교 벼룩시장에서 사서 읽었던『소녀탐정 낸시』였다. 조금 사치스럽지만 미워할 수 없는 친구 베스와 항상 씩씩한 친구 조지와 함께 이상한 사이비 집단의 비밀을 캐낸다는, '레드 게이트 농장의 비밀(The Secret of Red Gate Farm)' 편을 읽고 낸시 같은 탐정이 되고 싶다고 생각했더랬다. 그렇지만 내게는 추리력이 부족하다는 사실을 깨닫기까지는 그다지 오랜 시간이 걸리지 않았다. 사람은 언제나 자신이 할 수 있는 것과 하고 싶어 하는 것 중 하나를 선택해야 하는 법. 나는 결국 하고 싶어 하는 것을 버리기로 했다.

  하지만 탐정이 될 수 없다는 사실을 뼈저리게 깨달은 뒤에도 한동안 그 꿈을 버리지 못했다. 소녀 탐정이 주인공으로 등장하는 소설도 몇 편 찌끄렸다. 아직도 그 설정이 기억난다. 개량한복을 입고 다니고(헉1) 머리엔 보랏빛 브릿지를 넣었으며(헉2) 미성년자지만 곰방대 담배를 태우는(헉3) 시아라는 캐릭터가… 등장했더랬다. 그리고 나는 이 소설인지 콩트인지 모를 무언가를 자유 창작 방학숙제로 냈다. 뭐, 누구에게나 그런 시절은 있는 법이지!

사실 지금도 추리력은 별로 없다. 애거서 크리스티 같은 작가가 쓴 미스터리 소설은 물론이고 『명탐정 코난』이나 『소년탐정 김전일』 같은 만화책을 보면서도 '그냥 그런가 보다' 하면서 읽는다. 왜냐하면 나의 무수한 추리는 전부 틀렸기 때문이다. 추리력을 요하는 보드게임 〈클루(Clue)〉에서도 두각을 나타낸 적이 없다. 예전에는 내가 멍청해서 그렇다고 생각했는데 나이를 먹으니까 확실히 그 이유를 알겠더라. 나는 깊게 생각하는 일이 귀찮은 것 같다.

그래도 탐정물은 여전히 좋아한다. 내게 탐정이란 직업을 처음 알려준 셜록하운드 역시 계속 좋아하고 있다. 지난 2016년 6월에 명탐정 셜록하운드의 피규어가 나왔다. 관절을 자유자재로 움직이고 다양한 소품을 쥐여줄 수 있는 액션 피규어로, 파이프와 돋보기는 물론이고 권총과 그가 타고 다니던 '클래식 카(진짜로 굴러간다!)'까지 전부 포함되어 있는 세트! 당연히 매우 갖고 싶었다. 판매 사이트를 뻔질나게 들락거리며 엉엉 울었다. 갖고 싶다고! 하지만 당연히 덜컥 사버릴 만한 가격이 아니었고, 나는 매일매일 갖고 싶다는 말만 반복하며 징징거렸다.

그 뒤 찾아온 우리의 첫 결혼기념일에 H는 내게 커다란 상자 하나를 건넸다. 어쩐지 매우 '무언가'를 떠올리게 하는 크기였다. '설마, 설마⋯' 하며 포장을 조금 찢고 안을 들여다본 뒤 기절초풍했다. '그거'였다. 나의 첫사랑 셜록하운드가 그 안에 있었다. H는 기뻐하는 내 모습을 보고 자기가 더 신나하면서 빨리 뜯어보라고 했다. 그건 사실⋯ 매우 창피한 일이었다. 당시 우리는 첫 결혼기념일을 맞아 꽤나 근사한 파인다이닝 식당에 갔고, 자리가 없어서 큰 테이블에 합석을 했으며, 바로 옆에 낯모르는 여성 두 분이 앉아서 도란도란 이야기를 나누고 있었기 때문이다! 정말 뜯고 싶지 않았는데… 하도 성화를 부리는 통에 그 자리에서 포장을 전부 뜯어야만 했다. 옆에 앉은 두 여성의 시선이 따가웠던 건 아마 기분 탓이겠지. 하지만 역시 기뻤다. 정말 정말 기뻤다. 어쨌거나 처음으로 받는 결혼기념일 선물이었고, 무엇보다 내 첫사랑과 재회하게 되었으니까!

현재 날짜는 11월 12일. 나는 지금 나의 여섯 번째 결혼기념일에 이 원고를 쓰고 있다. 결혼기념일에 재회한 첫사랑에 대한 이야기를 결혼기념일에 쓰다니. 이보다 더 뜻깊은 일이 어디 있으랴.

# 나도 쌍둥이 자매가 있었으면 좋겠어
〈요술소녀〉

초등학교 1학년 때, 동네 아이들 중에 쌍둥이 자매가 있었다. 한 명은 턱선에 맞춰서 가지런히 자른 단발머리를 머리띠로 깔끔하게 넘겼고, 다른 한 명은 항상 긴 머리를 양갈래로 묶었다. 아마 두 아이를 구분하기 위해서 그랬겠지. 누가 동생이고 누가 언니였는지, 어쩌다 친해졌었는지 지금은 떠오르지 않는다. 이름도 새까맣게 까먹었다. '령'인지 '련'인지, 특이한 글자를 돌림자로 썼던 것 같은데.

아주 친했던 것 같진 않지만, 그 아이들이 살고 있던 집에 놀러 간 적이 있다. 거기서 처음으로 피아노를 마주했다. 서툴게 건반을 눌러서 연주한 곡이 부르크뮐러의 〈순진한 마음〉이었다는 기억만이 어렴풋하다. 이름까지 까먹은 그 아이들을 여전히 기억하는 이유는, 내가 그 애들을 부러워했기 때문이다. 아니, 정확하게 말하자면 그 애들이 '쌍둥이'라는 사실이 부러웠다.

쌍둥이에 대한 나의 동경은 1994년부터 시작되었다. 왜냐하면 그 당시 MBC에서는 쌍둥이 자매가 나오는 만화영화 〈요술소녀〉

를 절찬리에 방영하고 있었으니까!

> 너무 달라 너무 달라
> 너무 달라 우리들은
> 하지만 누가 뭐래도
> 우리는 쌍둥이 자매
> 새끼손가락 마주 걸고
> 신비의 세계로 날아간다
> 아무도 모르게 둘이서 둘이서
> 단발머리! 운동화의 말괄량이
> 빨간 리본! 예쁜 미소의 새침데기
> 너무 달라 너무 달라
> 너무 달라 우리들은
> 하지만 누가 뭐래도
> 우리는 쌍둥이 자매

〈요술소녀〉는 아키모토 나미가 만화잡지 《나카요시》에서 1990년부터 1994년까지 연재했던 〈미라클☆걸즈(ミラクル☆ガールズ)〉를 원작으로 하여 제작된 만화영화다. 총 51화로, 1993년 1월 4일에 첫 방영하여 12월 28일에 종영했다고 하니 그야말로 1993년을 대표하는 만화영화였구나 싶다. 국내에 들어온 것은 1994년 4월인데, 일본에서 방영이 끝난 즉시 번역 및 더빙 등 이런저런 작업에 착수한 것 같다. 일본에서는 애니메이

션 방영이 끝난 뒤에 실제 쌍둥이 배우를 기용하여 드라마화하는 것까지 염두에 두었다고 하니, 꽤 히트를 친 듯하다. 1993년에 방영되었던 일본 만화영화의 라인업이 굉장했는데도 말이다. 〈무책임함장 테일러〉〈용자특급 마이트가인〉〈열혈 최강 고자우라〉〈슬램덩크〉 등…. "그래도 순정만화 계열은 없잖아?"라고 말하는 찰나에 〈미소녀전사 세일러 문〉˚˚의 두 번째 시리즈 〈미소녀전사 세일러 문 R〉이 3월에 시작했다는 사실이 눈에 들어와버리고….

원작 만화가 있다는 사실은 아주 나중에야 알았다. 만화에 빠져 살던 중학생 시절, 『울트라 큐티!』라는 만화책을 읽었다. 제목이 그 당시 감성(!)을 저격함은 물론이고 그림도 예뻐서 그럭저럭 잘 봤는데, 나중에 보니 작가가 〈요술소녀〉를 그린 아키모토 나미였다. 이 사실을 알고서 생각했다. '시대에 따라 변화하는 트렌드와 그림체를 이렇게 잘 따라가다니, 역시 만화가는 대단하구나.'˚˚˚

˚ 순서대로 국내 방영 시 제목이 '캡틴 테일러' '마이트가인' '무적 캡틴 사우르스'였다.
˚˚ 이 책을 집어든 분이라면 잘 아시겠지만, 국내 방영 시 제목은 '달의 요정 세일러 문.'
˚˚˚ 최근에는 19금 할리퀸 로맨스 등을 그리시는 듯합니다. 다시 한 번, 대단한 분이라고 생각하게 되었습니다.

〈요술소녀〉는 비밀스러운 초능력을 가진 쌍둥이 자매 진유리와 진혜리의 일상을 다룬다. 유리·혜리 쌍둥이의 특기(?)는 순간이동인데, 이 능력을 쓰기 위한 조건이 조금 복잡하다. 주제가에 나오는 것처럼 둘이 새끼 손가락을 마주 걸고서 이동하려는 장소를 한마음으로 생각해야 한다. 그랬기에 방해를 받거나 둘의 사이가 틀어지면 능력이 제대로 발휘되지 않는 경우도 있었다. 그런 설정이 일상만을 다루어 자칫 단순해질 수 있는 스토리를 드라마틱하게 만들어주었다.

하지만 무엇보다 중요한 것은 둘 다 꽃 팔찌를 꼭 끼고 있어야 한다는 것. 유리는 노란색에 연둣빛이 감도는 팔찌를, 혜리는 분홍색에 빨간색을 더한 꽃 팔찌를 끼고 다닌다. 이 꽃 팔찌가 바로 초능력을 쓸 수 있게 하는 도구다. 둘이 새끼 손가락을 마주 걸면 꽃에서 '포옹' 하는 소리와 함께 빛이 났는데, 이때 이 '포옹' 소리가 어찌나 맑던지. 이 소리가 듣고 싶어 둘이 새끼 손가락을 마주 거는 그 순간만을 오매불망 기다렸다.

이 팔찌는 당연하게도 완구로 나와 있었다. 우리 동네 문방구에서도 팔았는데, 겹겹이 싸인 꽃잎이 부드럽고 얇은 천으로 잘 재현되어 있던 것이 기억난다. 나는 이 팔찌를 갖고 싶어 했지만 얼마 지나지 않아 포기했다. 왜냐하면 그 꽃 팔찌는 두 개가 한 세트였으니까. 물론 한 개씩 따로 구입할 수 있었지만, 나 혼자 유리의 팔찌나 혜리의 팔찌를 갖고 있어봤자 아무 의미가 없었다. 두 개를 동시에 갖고 있다 해도 마찬가지였다.

문제는 '사람'이었다. 내가 유리의 팔찌를 낄 때 혜리의 팔찌를 낄 수 있는. 그 반대라도 상관없었다. 사실 내가 진짜 갖고 싶었던 것은 쌍둥이 자매였으니까. 나를 온전히 이해해줄 수 있는, 나와 동일하면서도 다른 누군가의 존재가 간절했다. 내 현실에 존재하는 세 살 터울의 남동생이 아니라.

그러니까 그 애들은 〈요술소녀〉를 보고 난 후 내가 처음으로 만난 '진짜' 쌍둥이였던 셈이다. 그래서 부러웠고 궁금했다. 나와 똑같은 존재가 있다는 건 어떤 느낌일까. 그리고 그 존재와 함께 '아무도 모르게 둘이서 둘이서' 있다는 건 또 어떤 느낌일까. 실제로 물어본 적은 없다. 그 정도로 친하진 않았으니까. 내가 둘 중 한 명과 친해지더라도, 그 쌍둥이 사이에 존재하는 끈끈한 무언가에 절대 낄 수는 없을 거란 생각이 들었다. 그냥… 그땐 그랬다.

이런 생각은 이후에 유행한 소녀문고들을 읽으면서 더욱 공고해졌다. 그 당시 큰 인기를 얻었던 '말괄량이 쌍둥이 시리즈(세인트 클레어 시리즈)'나 내가 좋아했던 '쌍둥이 시리즈(스위트 밸리 시리즈)' 역시 쌍둥이를 주인공으로 내세우고 있었으니까.

이 마음은 후일 '나를 온전히 이해하는 사람'이라는, 실제로 존재할 리 없는 이를 찾는 여정으로 이어진다. 생물학적으로 불가능한 '쌍둥이 자매'를 벗어나 가족만큼이나, 아니 가족보다 더 친한 '베스트 프렌드'를 찾아 헤맸고 이후에는 세계를 뒤흔들 정도로 운명적인 '사랑의 상대'를 꿈꾸었다. 정말 오랫동안 그런 관계에 대한 환상을 품고 살았다. 이 환상에 지나치게 집착해서 때론 싸우기도 했고, 상처를 주기도 했다. 멋대로 기대했다가 상처를 받기도 했고, 부담을 주어 결국 멀어지기도 했다. 하지만 이제는 알고 있다. 나를 온전히 이해할 수 있는 사람은 오로지 나 자신뿐이라는 것을. 그럼에도 불구하고 여전히 나는 '온전한 이해자'를 기대한다. 나뿐만 아니라 모든 이가 끊임없이 바라고 있다는 것도 안다. 왜냐면… 나 자신은 너무 싫으니까.

지금도 자매가 있는 지인들을 보면 부럽다. 어릴 때는 무지하게 싸웠다는데 커서는 친해져서 같이 술 마시고, 쇼핑하고, 자취도 하고 여행도 간단다. 그러면 나는 부러워하다가 고개를 돌려 맥주를 한 모금 꿀꺽 삼킨다. 정말 자매가 있었다면, 그것도 쌍둥이 자매가 있었다면 나는 어떻게 자랐을까? 여전히 똑같은 사람일까, 아니면 지금의 나와 전혀 다른 사람이 되었을까? 그건 영원히 알 수 없겠지.

P.S. 내 가장 오래된 친구에겐 쌍둥이 사촌동생들이 있는데, 이름이 유리와 혜리다! 친구의 이모가 〈요술소녀〉를 보고 나서 지어준 이름이라고.

# 황혼보다 어두운 자여
# 내 몸에 흐르는 피보다 붉은 자여
⟨마법소녀 리나⟩

그 친구의 이름을 진이라고 하자.\* 진이는 내가 태어나서 처음으로 만난 오타쿠였다. 사실 나의 '덕질'은 대부분 진이에게 빚지고 있다.

우리는 초등학교 3학년부터 5학년까지, 햇수로 삼 년 동안 찰싹 붙어 다니며 많은 것을 공유했다. 그렇지만 진이와 함께 좋아했던 것 중에서 가장 기억에 남는 것은 역시 ⟨마법소녀 리나⟩다.\*\*

   진이는 언제나 ⟨마법소녀 리나⟩에 진심이었다. 나랑 만나면 하는 놀이가 항상 '마법소녀 리나 놀이'뿐이었다고 하면 설명이 될

---

\*   '진'은 그 친구의 이름 글자 중 하나다.

\*\*   원제는 '슬레이어즈(SLAYERS, スレイヤーズ).'

까? 특별할 것 없는, 그냥 단순한 인형놀이였다. 다만 진이의 인형 이름이 주인공인 '리나'고, 내 인형의 이름은 주요 인물 중 하나인 '아멜리아'였다는 점이 다를 뿐…. 레퍼토리는 늘 비슷했다. 실제 만화영화의 스토리처럼 일행은 여행하다가 우연찮게 악당을 만나고, 리나를 맡은 진이는 중얼중얼 '드래곤 슬레이브'의 주문을 외웠다. "황혼보다 어두운 자여 내 몸에 흐르는 피보다 붉은 자여…." 참, 사족이지만 내가 아는 드래곤 슬레이브의 주문은 딱 저기까지다. 그렇게 마법소녀 리나 놀이를 많이 하고 만화영화도 엄청나게 보았건만, 도저히 더 외워지지 않았다. 아마 진이만큼 관심이 있진 않았기 때문이겠지.

마법소녀 리나 놀이를 하다 질리면 진이는 자기 방에 쌓여 있던 비디오테이프 중 하나를 꺼내 왔다. 대부분 〈마법소녀 리나〉를 녹화해둔 테이프였다(요새 애들은 이런 거 모르겠지 흑흑). 그것마저도 질리면 진이는 자기가 생각하는 〈마법소녀 리나〉 관련 '썰'을 풀었다. 진이와 함께 있으면 나 또한 그 세계 안에 있는 것만 같았다. 한마디로 '과몰입'하기 쉬웠다는 뜻이다.

게다가 당시 진이네 집에는 가정용 컴퓨터라는 게 있었다. 이게 어떤 의미인지는 나와 연배가 비슷한 독자님들만이 아시리라. 거기에는 모뎀이 연결되어 있었기에 진이는 PC통신을 통해 알게 된 이런저런 신문물(?)들을 내게 알려주었다. 진이와 놀면서 나는 그야말로 내가 지금껏 알고 있던 세계를 깨고 나오는 경험을 했다.

그때까지 나는 TV에서 나오는 만화영화가 전부 우리나라 건

줄 알았다. 그야 전부 한국말로 더빙된 데다 작화상 일본어가 나오는 부분은 덧칠되었으며, 왜색이 심한 에피소드는 삭제하여 방영했으니까. 아무도 내게 일본에서 만든 거라고 알려주지 않았으니까. 나한테 그 사실을 알려준 사람은 진이였다. 원작은 일본 소설이며 제목도 '마법소녀 리나'가 아니라고. 소설이나 만화영화뿐 아니라 만화책도 있다고 했다. 만화영화로 만들어지지 않은 내용이 있고, 그 내용에만 등장하는 인물도 있다고. 그러면서 자신이 어딘가에서 사 온 〈마법소녀 리나〉 아니, 〈슬레이어즈〉 만화책을 보여주었다. 내가 처음으로 '미디어 믹스'라는 개념을 깨닫게 된 순간이었다.

'팬픽'이라는 문화 또한 진이를 통해서 처음 알게 되었다. 진이는 PC통신으로 팬픽을 자주 읽었는데, 그러다 재밌는 게 있으면 출력해서(그렇다. 진이네 집에는 프린터도 있었다!) 내게도 보여주곤 했다. 알고 보니 당시 〈슬레이어즈〉의 팬픽션 문화는 국내에서 보기 드물게 발달되어 있었단다. 국내 〈슬레이어즈〉 팬픽의 계보만을 정리한 『한국 슬레이어즈 팬픽사』라는 책이 따로 나올 정도였으니… 언젠가 진이와의 추억이 떠올라 이 책을 구해 읽었는데, 진이가 뽑아다 주었던 팬픽 제목도 등장해서 괜스레 반가웠다. 진이가 보여준 수많은 팬픽 중 유난히 기억에 남은 작품은 「신데리나」(그렇습니다. '신데렐라'의 패러디물입니다)와 「마왕들의 여름 바캉스!」였는데, 후자는 그 바닥(?)에서 제일 네임드였던 '검은천사(유나)'라는 분이 쓰신 작품이라 했다. 어쩐지… 초등학생이 읽어도 무진장 재밌더라….

내게 성우라는 직업을 처음 알려준 사람도 진이였다. 진이의 특기는 리나 성대모사였다. 정확히 말하면 최덕희 성우님이 연기하는 리나의 목소리 흉내 내기를 끝장나게 잘했다. 진이는 자연스레 자기가 좋아하는 리나의 목소리를 담당하는 최덕희 성우님이 참여한 작품을 전부 좋아하게 되었다. 나도 덩달아 최덕희 성우님을 좋아하게 되었고, 최덕희 성우님이 주인공 역을 담당한 또 다른 만화영화 〈달의 요정 세일러 문〉을 보게 되는데….

그 뒤 나는 진이 몰래 세일러 문의 '굿즈'를 샀다. 아이 손바닥만 한 상자 안에 풍선껌 몇 개와 조그마한 피규어, 미니어처 물품 등이 들어 있는 식품완구였다. 일편단심 〈슬레이어즈〉 러버(그 당시엔 덕후라는 개념이 없었으므로 우리끼리 '러버lover'라고 불렀다)였던 진이는 그런 행동을 용납하지 않았다. 그래서 나도 나름대로 숨긴다고 숨겼는데, 결국 들키고 말았다. 어쩌다 들켰는지는 기억나지 않는다. 하긴, 우리 둘은 같은 다세대주택에 살고 있었기에 숨기는 데에도 한계가 있었을 것이다. 진이는 착한 아이였지만 그땐 내게 크게 화를 냈다. 〈슬레이어즈〉를 버리고 〈세일러 문〉으로 갈아탄 나를 용서하지 않겠다고 했다. 나도 처음엔 사과했지만, 나중에는 오기가 생겨 더 이상 사과하지 않았다. 그렇게 우리 사이에 냉전이 시작되는가 싶었으나… 곧 다시 사이가 좋아졌다.

원제는 '미소녀전사 세일러 문(美少女戦士セーラームーン).'

진이 역시 〈세일러 문〉에 빠지게 되었기 때문이다. 전적으로 최덕희 성우님 덕분이었다… 감사합니다, 성우님….

이제 와서 생각하면 진이가 그 정도로 〈마법소녀 리나〉에 매료되었던 이유를 알 것 같다. 무슨 무슨 '요정'이니 '천사'니 하는 '여아용 애니메이션'에 익숙했던 우리에게 〈마법소녀 리나〉는 가히 센세이셔널했다. 치마를 입지 않은 여자 주인공이 원톱으로 나서 완력을 마구 휘두른다. 그의 힘은 상상을 초월한다. 무지막지한 화력의 마법을 펑펑 써대면 산이 무너지고 건물이 쓰러진다. 악당들은 '리나'라는 이름만 들어도 새파랗게 질려서 벌벌 떤다. 여자애가 눈물이 많지도, 가련하지도 않다. '눈에는 눈, 이에는 이'로 일관하며 어떨 때는 악당보다 더 악랄하게 군다. 지금껏 그런 여자 주인공이 있었던가? 단언컨대 없었다. "너는 여자애가 왜 이렇게 시끄러워?" "여자애답게 좀 조용히 놀아"라는 말에 익숙해져가던 우리에게 〈마법소녀 리나〉는 하나의 해방구였다. 특히 네 살 때부터 발레를 배웠던 진이한텐 더 그랬을 것이다. 그 애는 발레를 정말 정말 싫어했었지.

6학년이 되기 전 나는 다른 지역으로 이사를 갔다. 하지만 그 후에도 우리는 한동안 만남을 이어갔고, 여전히 진이는 만날 때마다 내게 새로운 세계를 열어줬다. 중학교 때는 국내 만화 행사인 '코믹월드'에 부스를 내어 창작 회지와 팬시를 팔자고 제안하기에, 밤을 새워 그림을 그리기도 했다. 고등학생 때는 텍스트형 비주얼 노벨 게임을 만들어보자고 해서 정말 열심히 시나리오를 썼다. 하지만 우리에게 그 모든 일을 끝까지 지속할 열정은 없었다. 멋진 부스를 세우지도 못했고 제대로 된 게임을 만들어서 내놓지도 못했지만, 그것도 나름대로 좋은 경험이었다고 생각한다.

게임 개발이 무산된 이후 입시와 대학 생활 등으로 각자 삶이 바빠지면서 만나는 일이 점점 뜸해졌고, 그렇게 서서히 연락이 끊어졌다. 지금 진이는 무얼 하고 있을까? 예상컨대 여전히 나와 비슷한 필드에 있을 것만 같은데.

2007년, 느닷없이 〈슬레이어즈〉의 후속작인 〈슬레이어즈 레볼루션〉이 제작된다는 소식을 들었다. 그 소식을 듣자마자 진이부터 떠올랐다. 진이가 좋아하겠다. 하지만 2008년 방영이 시작되자 나는 고개를 절레절레 젓게 되었는데… 대부분은 여기서 "그런 게 있었어?" 하실 수도 있습니다만, 여러분이 모르시는 데엔 그럴 만한 이유가 있답니다…. 2009년에는 후속작 〈슬레이어즈 레볼루션 R〉도 방영되었지만 이 또한 절레절레였고… 그것을 끝으로 〈슬레이어즈〉 애니메이션은 더 이상 나오지 않게 되었다. 완전한 '그때 그 시절' 콘텐츠가 되어버린 것이다.

사실 〈슬레이어즈〉처럼 시간이 오래 지난 후 리메이크되었다가 대차게 망하고서 다신 나오지 않는 콘텐츠들이 종종 있다. 요새 '시절인연'이라는 단어가 자주 회자되는데, 이 말은 사람과의 관계뿐 아니라 예전에 좋아했던 추억의 콘텐츠에도 해당하는 듯하다. 죽고 못 살았던 소꿉친구와 점차 멀어지며 시절인연으로 남듯, 내가 한때 정말 좋아했던 콘텐츠가 완결되거나 원작가가 사고를 치는 등의 사정으로 점차 멀어지며 시절인연으로 남는 것이다….

그치만 또 모른다. 절대 불가능하다… 고는 할 수 없으니, 아주 드문 확률로 이 책을 우연히 사 본 진이가 내게 연락해 올 수도 있고, 요새 옛 작품 리메이크 열풍이 부는 만큼 〈슬레이어즈〉가 다시 애니메이션화되어 큰 성공을 거둘 수도 있다. 그러니 나는 조금 더 여유를 갖고 기다려보련다. 우리에게는 아직 시간이 있으니까.

# 당신이 세일러 문을 사랑하는 이유는 무엇인가요?
〈달의 요정 세일러 문〉

내 인생의 만화영화를 이야기하는 데 결코 〈달의 요정 세일러 문〉을 빼놓을 순 없다. 그 시절 TV 만화영화를 보고 자란 세대라면 누구나 그럴 것이다. 그만큼 〈세일러 문〉은 굉장했으니까. 지금까지도 마법소녀물의 역사에 한 획을 그은 작품이라 평가될 정도니 말 다 했지.

그리고 〈세일러 문〉은 내 삶에도 어떠한 흔적 하나를 남겼다. 물론 〈세일러 문〉이 내 인생 첫 마법소녀물은 아니다. 〈세일러 문〉을 보기 전에도 나는 마법소녀물을 좋아했다. 하지만 〈세일러 문〉은 내가 후일 좋아하게 될 마법소녀물의 원형을 제시한 작품이라고 할 수 있다. 〈세일러 문〉을 본 뒤로는 마법소녀물을 더욱 광적(!)으로 좋아하게 되었으니…

그런데 나는 왜 〈세일러 문〉을 사랑했던 걸까? 왜 어른이 된 지금까지도 〈세일러 문〉에 대해 열렬한 애정을 고백하지 않고는 견

딜 수 없는 것일까?

문득 돌이켜보니 한 번도, 단 한 번도 그 이유를 생각해본 적이 없었다. 〈세일러 문〉을 위시하여 마법소녀물을 좋아하는 사람들과 신이 나서 떠들 때도 왜 좋은지에 대해선 얘기하지 않았다. 우리가 했던 말이라곤 그저 "진짜 예쁘지 않아요?" "너무 멋지지 않아요?" "완전 좋지 않아요?"뿐이었다…. 빈곤한 어휘력을 여과없이 드러내는 것 같아서 좀 민망하긴 하지만 실제로 그런데 뭐 어떡해?

그래서 이참에 곰곰이 생각해보기로 했다. 나는 왜 〈세일러 문〉을 그토록 사랑했던 건지.

〈세일러 문〉 1화를 봤던 날이 아직도 생생하다. 1997년의 만우절, 역사적인 그날. 반지하집의 안방 TV 앞에 무릎을 감싸 안고서 앉아 있는 나. 이윽고 유명한 '그 노래'가 TV에서 흘러나온다. "미안해 솔직하지 못한 내가-" 나는 충격에 빠졌다. 만화영화 오프닝이라기보다는 영상화보집 같았다. 지금껏 본 적 없는 과감한 색감과 컷 배치, 분할이었다. 특히 변신하기 전 '세라'와 변신한 뒤의 '세일러 문'이 끊임없이 교차되는 연출과 실제의 그것처럼 자연스럽게 나풀거리는 머리칼과 치맛자락이 깊은 인상을 남겼다. 그리고 무엇보다 노래가 지금껏 내가 들어왔던 만화영화 주제가와는 전혀 달랐다. 옆에 있던 엄마가 정확히 내 마음을 대

변하는 말을 했다. "야, 이건 뭐 만화영화 같지가 않다."

〈뽀로롱 꼬마 마녀〉나 〈꽃천사 루루〉〈요술소녀〉 등 그때까지 내가 좋아했던 어린이용 만화영화 주제가들은 하나같이 발랄하고 통통 튀는 느낌이었다. 당시 유행가에 빗대어 말하자면 투투의 〈일과 이분의 일〉 느낌이었다고 할까? 근데 〈세일러 문〉의 주제가는 달랐다. 가요가 아니라 세련된 팝송 같았다. 엄마가 가끔 듣곤 했던 〈I.O.U〉처럼 말이다.

나중에 찾아보니 이 주제가가 유난히 세련되게 들렸던 이유가 있었다. 원제는 〈문라이트 전설(ムーンライト伝説)〉인데, 작곡가 고모로 데쓰야가 1965년도에 발표된 바이쇼 치에코의 노래 〈안녕은 댄스 후에(さよならはダンスの後に)〉를 표절하여 만든 곡이다. 후일 이 사실이 밝혀져 원저작권자에게 저작권료를 지불했다니, 어떤 의미로는 나랑 엄마가 가요 같다고 느꼈던 게 당연했다.

무려 30초나 되는 화려한 변신 장면 또한 어린 나를 완벽히 사로잡았다. 그동안 내가 봐왔던 마법소녀의 변신은 10초는 되었을까, 그다지 길지 않았다. 내가 〈세일러 문〉보다 먼저 봤던 〈웨딩피치〉도 마찬가지였다. (실제로는 〈웨딩피치〉가 후대 작품인데 말이다!) 하지만 〈세일러 문〉의 변신 장면은 달랐다. 잠깐 빛이 '반짝!' 하

〈세일러 문〉을 보기 일 년 전쯤에 좋아했던 〈요술천사 피치(웨딩피치)〉의 오프닝도 정말 충격적이었지만⋯ 그 이야기는 나중에 다루기로 한다⋯.

더니 옷이 변해 있고 액세서리가 달려 있는 수준이 아니었다. 그야말로 주인공 세라를 중심으로 한 환상의 무도회나 다름없었다. 온몸에 핑크빛 리본이 감기더니 세일러 칼라가 달린 유니폼으로 변한다. '세일러 문'이라 부르는 이유를 알려주겠다는 듯 신체 부위의 변신이 하나씩 끝날 때마다 초승달 무늬의 빛이 반짝인다. 세라가 춤을 추듯 우아하게 빙글빙글 회전하는 동안 허리의 리본이 깔끔하게 매이고, 주름치마는 비단처럼 차르르 떨어지면서 허리를 감싼다. 그 기나긴 변신 장면 동안 잔잔하게 흐르는 "우우- 세일러 문-" 하는 배경음악은 또 어떻고! 이처럼 공들인 변신 장면은 처음이었다. 그야말로 센세이션이었다. 갓 국민학교에 입학한 여자아이는 그 순간 〈달의 요정 세일러 문〉에 완전히 매혹되고 말았다. 마음속으로 끊임없이 외쳤다. '아니, 어떻게 이런 만화가 세상에 있을 수 있어?! 어떻게 이런 게?!'

지금 봐도 입이 떡 벌어지는 완성도 높은 변신 장면은 사실 한정된 예산 내에서 최대 효과를 뽑아낼 수 있도록 고안된 고육지책이었다고 한다. 예산이 부족해 제작할 수 있는 셀의 수(그때는 셀 애니메이션이었으니까)가 한정되어 있으니 일단 한 장면을 공들여서 만든 뒤 계속 '재탕'하면 자원을 절약할 수 있을 것이라고, 감독이었던 사토 준이치가 고안해냈다고 한다. 당시만 해도 이런 연출은 주로 로봇물에서 활용되었고, 여아용 애니메이션에선 전혀 사용하지 않았다고 하니 여러모로 파격이었던 셈이다. 〈세일러 문〉의 폭발적인 인기에 힘입어 이 '리듬체조를 하듯 약간의 율동을 하는 신체를 리본으로 감아 변신'하는 장면은 이후 등장한 모든 마법소녀물에 하나의 공식처럼 자리 잡았다. 그러니 그때 나를 포함한 여아들이 〈세일러 문〉에 열광한 건 아주 당연한 일이었는지도 모른다.

하지만 이건 어디까지나 1화를 본 내가 그 뒤로도 〈세일러 문〉을 챙겨보게 된 이유일 뿐이다. 어른이 되어서도 〈세일러 문〉을 좋아하게 된 이유는 분명 따로 있다. 어째서 나는 〈세일러 문〉을 계속 좋아한 걸까?

지금 〈세일러 문〉에 대해 생각할 때, 가장 먼저 떠오르는 건 주제나 변신 장면 따위가 아니다. 바로 에피소드들이다. 웃으면서 봤던 에피소드, 공감하면서 봤던 에피소드, 조금 무서워하며 봤던 에피소드, 충격적이었던 에피소드들. 난 아직도 기억한다. 세라의 가장 절친한 친구 '한나'와 사랑에 빠진 악당 '네프라이트'가 결국 죽음을 맞고 빛의 가루가 되어 흩날리던 장면을, 최종전에서 전투를 치르던 세일러 머큐리 '유리'가 기지를 발휘하여 들고 있던 휴대용 컴퓨터로 요마의 이마에 있는 약점을 공격하고서 목숨을 잃던 장면을, 악당 '와이즈맨'의 꼬임에 넘어가 블랙레이디로 변신했던 '꼬마 세라'가 모든 것이 오해임을 깨닫던 장면을, 세일러 넵튠과 세일러 우라누스가 그토록 찾아 헤매던 '진정 순수한 마음'이 마침내 자신들에게 있다는 것을 알게 되어 본인들을 희생하는 장면을 말이다.

이처럼 다채로운 에피소드는 다양한 개성을 가진 인물들이 많이 등장하기에 가능한 것이다. 그간 계속 봐왔던 만화영화들은 메인 인물이 주인공을 포함해도 고작 서너 명 남짓이었다. 〈웨딩 피치〉만 해도 주요 인물이 '피치' '릴리' '데이지' 셋뿐이다. 거기에 추후에 합류하는 '사루비아'까지 해도 넷이고, 많이 쳐줘도 전투 신에 가끔 등장하는 '리모네'와 피치랑 맨날 티격태격하던 '캐빈' 정도다. 하지만 〈세일러 문〉은 당장 1화부터 세라네 가족에 담임 선생님, 세라가 짝사랑하는 오락실 오빠 '앤디'에 '레온(턱시도 가면)', 단짝 한나와 둘 주변을 얼쩡거리는 '대니', 그리고 한나의 엄마와 고양이 '루나', 그리고 악당인 '제다이트'와 '베릴 여왕'까지 나온다. 그리고 이들 모두 나름의 서사를 가지고 있다.

세라를 포함해서 다섯 혹은 그 이상이 되는 메인 캐릭터들은 지금의 아이돌 그룹 같은 느낌을 주기도 한다. '이 중에 네 취향이 한 명쯤은 있겠지' 같은 느낌이랄까? 인원이 많다 보니 그 안에서 만들어낼 수 있는 관계성이 무궁무진했다. 서로 싸웠다가 화해하기도 하고, 처음부터 친했던 멤버들이 있는가 하면, 서로 어색한 사이도 있었다. 세라와 세일러 마스 '비키'가 턱시도 가면 레온을 두고 삼각관계를 형성하기도 했고, 남을 잘 챙겨주는 세일러 쥬피터 '리타'는 욕심이 과해 항상 사고를 치는 세일러 비너스 '미나'와 티격태격하기도 했다. 그러면서도 비키는 세라가 중요한 순간에 얼빵하게 있으면 호통을 쳐서 마음을 다잡게 했고, 리타 역시 미나가 기운 없어 하면 제일 많이 걱정했다. 어린 나는 때로는 가슴 졸이고 때로는 고개를 끄덕거리며 열심히 〈세일러 문〉을 챙겨 봤다. 마치 어른들이 TV 드라마를 열심히 챙겨 보는 것처럼 말이다. 어쩌면 그 당시 〈세일러 문〉은 어린아이들을 위한 TV 드라마였을지도 모른다.

   그런 장면들을 보면서 나는 〈세일러 문〉 속 생활을 동경했다. 지금 여기서, 우리 동네 이름이 붙은 국민학교에 다니는 내가 아니라, 주름치마에 세일러 칼라가 달린 예쁜 교복을 입고 이름도 이국적인 '세라'가 되고 싶었다. 아빠가 직접 깎아준 연필로 깍두기 공책에 '영희야 안녕? 철수야 안녕?'을 쓰는 게 아니라, 저기 〈세일러 문〉의 세계에서 친한 친구들과 함께 도시락을 까먹고 방과 후에는 딸기 파르페를 파는 커피숍에 가서 수다를 떨고 싶었다. 그런 일상을 살다가도 악당이 나타나면 누구보다도 화려하게 변신하여 정의를 구현하는 '세일러 문'이 되고 싶었다. 아아, 알겠다. 내가 왜 그렇게 〈세일러 문〉을 좋아했는지 이제야 알겠다. 내게 있어서 〈세일러 문〉은 꿈과 환상의 세계였던 것이다. 그래서 그 작품을 그토록 사랑했던 것이다.

   요즘 아이들이 아이돌이나 유튜버를 그렇게 동경한다는데, 그 마음이 십분 이해 간다. 나 역시 그랬으니까. 동경의 이유는 예나 지금이나 크게 다르지 않을 것이다. 그때 내가 세라가 되길 원했듯이 요새 아이들도 IVE 장원영이 되길 원하겠지. 장원영의 별명 중 하나가 세일러 문이라는 사실이 또 재밌다.

이제 나는 더 이상 세라가 되길 원하지 않는다. 이게 좋은 건지, 아니면 나쁜 건지는 잘 모르겠다. 지금의 내가 현재에 만족하며 잘 살고 있다는 뜻일까? 아니면 가상의 것을 동경해봤자 이루어질 수 없다는 걸 이미 알아버렸기에 지레 포기한 것일까? 음, 역시 잘 모르겠다.

그래서 더욱 궁금하다. 나와 같은 시대를 살았던 이들이 〈세일러 문〉에 열광했던 이유가 무엇일지. 〈세일러 문〉을 그토록 사랑했던 이유는 무엇인지 묻고 싶다, 지금 이 글을 읽는 당신에게. 어쩌면 당신도 나처럼 세라가 되기를 꿈꾸었냐고.

# 평범한 사람에게는
# 평범한 사람만의 행복이 있지
### 〈빨간 머리 앤〉

세계명작극장 애니메이션 시리즈 〈빨간 머리 앤〉 이야기를 하기 전에, 하나 고백할 것이 있다. 정말 큰맘 먹고 하는 고백인데… 사실… 나는… 〈빨간 머리 앤〉의 원작 소설을 읽어본 적이 없다!!

이 사실을 고백하면 많은 사람이 놀란다. "너만큼 〈빨간 머리 앤〉에 찰떡같이 어울리는 애가 없는데 왜 아직도 안 읽었어?" "너처럼 책을 좋아하는 애가 왜?" 물론 나는 책 읽는 일을 꽤 좋아한다. 나름대로 많이 읽은 편이라 자부할 수도 있다. 그렇지만 그거는 그거고 이거는 이거지. 사실 나는 다른 사람들이 명작이라 치부하는 소설들 중에도 읽지 않은 것이 많다. 음… 밑천을 다 드러내는 것 같아서 조금 민망하지만, 예를 들자면 나는 밀란 쿤데라의 소설을 단 한 권도 읽지 않았다. 그뿐이랴? 조지 오웰의 『1984』도 아직이다. 찰스 디킨스도, 톨스토이도 안 읽었다. 쓰다 보니 부끄럽지만 그렇다. 딱히 이유가 있어서 거부한 건 아니다. 이건 타이밍의 문제다. 읽을 타이밍을 놓쳤을 뿐….

그래도 『빨간 머리 앤』과는 다르다. 뭐랄까, 『빨간 머리 앤』을 읽지 않았다는 사실을 고백할 때마다 죄책감이 든달까? 아마 그건 내가 청소년기의 많은 심상을 빨간 머리 앤에게 기댔기 때문이겠지. 근데 쓰다 보니 억울하네. 나만 그런 거 아니잖아요! 나 같은 사람 실은 많잖아요!

뭐, 다소 분량이 많긴 하지만 『빨간 머리 앤』은 그다지 어려운 책도 아니니 마음만 먹는다면 쉬이 읽어나갈 수 있다. 하지만 벌써 늦었다. 빨간 머리 앤을 향한 나의 심상은 이미 너무나… 세계명작극장에서 본 그것으로 굳어져버렸다…. 하긴 그게 나에게만 해당하는 이야기는 아닌 듯하다. 아직도 애니메이션 〈빨간 머리 앤〉의 IP를 이용한 문구나 작품들이 쏟아지고 있고, 또 그만큼 판매되고 있으니.

〈빨간 머리 앤〉은 무려 지금으로부터 45년 전인 1979년에 제작된 작품이다. 그런데도 지금까지 사람들의 마음을 사로잡고 있는 이유는 뭘까? 그 당시에는 전혀 몰랐지만, 〈명탐정 셜록하운드〉처럼 〈빨간 머리 앤〉 또한 스튜디오 지브리의 미야자키 하야오가 참여한 작품이다. 총감독은 다카하타 이사오. 〈빨간 머리 앤〉과 같은 세계명작극장 시리즈에 속해 있는 〈알프스 소녀 하이디〉와 〈엄마 찾아 삼만리〉를 제작했으며 〈추억은 방울방울〉과 〈이웃집 야마다군〉 〈가구야 공주 이야기〉를 제작 및 감독하는 등 미야자키 하야오와 함께 스튜디오 지브리를 견인했던 인물이다. 그뿐이랴! 무려 〈기동전사 건담〉 시리즈를 탄생시킨 토미노 요시유키도 콘티 작업에 참여했고, 스튜디오 지브리의 〈귀를 기울이면〉과 〈마녀배달부 키키〉〈모노노케 히메〉 등에서 작화 감독을 맡았던 콘도 요시후미가 캐릭터 디자인과 작화를 담당했다. 이처럼 지금까지도 전설로 회자되는 인물들이 공들여 제작한 작품이니, 당연하게도 〈빨간 머리 앤〉 속 '앤'과 사랑에 빠질 수밖에 없잖습니까?

나는 빨간 머리 앤, 그러니까 앤 셜리를 너무너무 좋아했다. 나는 앤이고 앤은 나라고 생각했다. 심지어는 앤의 성 셜리(Shirley)가 내 이름인 설희와 발음이 묘하게 비슷한 것조차 운명이라 생각했다. 외국에 나가서 영어 이름을 써야 한다면 꼭 셜리로 할 거라 마음먹었다. 뭐, 이 이름이 매우 올드하며 우리나라식으로 따지자면 '점순이'에 해당한다는 이야기를 들은 후엔 그만두었지만….

 나는 내가 앤이라고 생각했기에 작중 앤에 대해 설명하는 말은 전부 내 얘기라 여겼다. 비록 빼빼 마르진 않았지만, 내 얼굴에 가득한 주근깨가 그토록 자랑스러울 수 없었다. "주근깨 빼빼 마른 빨간 머리 앤"으로 시작하는 주제가는 십수 년 동안 내 핸드폰 컬러링이었다. 돌이켜보니 조금 신기하다. '앤 같은 친구가 있었으면 좋겠다'도 아니고 '내가 앤이었으면 좋겠다'라고 생각했다니. 정확하게 말하자면 '앤이 되어서 다이애나 같은 친구가 있었으면 좋겠고 초록 지붕 집에서 살고 싶다'였지만. 여하튼 바로 이것이 내가 〈빨간 머리 앤〉을 다른 만화영화보다 더 특별하게 여기는 이유다.

다른 세계의 누군가가 되고 싶다고 그토록 강하게 원해본 건 처음이었다. 나는 〈해리 포터 시리즈〉도 〈빨간 머리 앤〉 못지않게 좋아했지만 〈빨간 머리 앤〉처럼 좋아할 수는 없었다. 『해리 포터와 아즈카반의 죄수』가 국내에 출간되었을 때 당시 열세 살이었던 나는 이야기 속 '해리 포터'에게 맘껏 이입할 수 있었지만, 결코 해리 포터가 되고 싶다고 생각하진 않았다. 내가 그 세계에 속한 일원이 되어 나만의 이야기를 써 내려갈 수 있었으면 좋겠다고 바랐을 뿐이다. 아니면 내 모습 그대로 그 세계로 들어가 '살아남은 아이'가 되거나.

하지만 〈빨간 머리 앤〉은 달랐다. 아주 어릴 적부터 보고 자라온 '유럽풍의 어떤 세계'에서, 나를 있는 그대로 이해해주는 친절하고 상냥한 사람들 사이에 둘러싸여, 내가 가진 능력을 제대로 인정받고 싶어 하던 마음. 그 마음이 〈빨간 머리 앤〉을 만나 마침내 화려한 욕망의 봉오리를 터트렸다고나 할까. 아니면 지금 여기, 바로 이 세계에서 나를 알아주는 사람을 만나고 싶다는 꿈이 한 바퀴 돌아 마침내 '여기가 아닌 다른 세계'에서 살고 싶다는 꿈으로 변했다고나 할까.

그런 의미에서 2023년에 발매된 게임 〈호그와트 레거시〉는 정말⋯ 완벽하게 나를 위한 게임이었다고 당당하게 말할 수 있다!

그래서 〈빨간 머리 앤〉이 특별했다. 거기다 주변에는 나만큼 〈빨간 머리 앤〉을 좋아하는 아이들도 별로 없었다. 그렇기 때문에 소설을 읽지 않았음에도 불구하고 〈빨간 머리 앤〉을 제일 좋아하는 아이처럼 행세할 수 있었다. 주변 사람들은 얼굴에 주근깨가 있고, 글을 열심히 쓰고, 책을 열심히 읽고, 상상력이 좋은 나를 보며 말했다. "설희 너는 정말 빨간 머리 앤 같다." 그래서였을까? 나는 정말로 나만큼 〈빨간 머리 앤〉을 좋아하는 사람은 없을 거라고 생각해버렸다.

그때 나는 정말 몰랐다. 다른 사람들 또한 그렇게 생각하며 살아간다는 사실을.

이십 대가 되어 사회에 나가 보니 눈이 번쩍 뜨였다. 세상은, 나만큼, 아니 나보다 더 〈빨간 머리 앤〉을 좋아하는 사람들 천지였다. 나는 아무것도 아니었다. 〈빨간 머리 앤〉을 너무 사랑해서 배경이 된 프린스에드워드섬을 몇 번이나 들락거리는 사람, 작품 속 초록 지붕 집(그린게이블스)을 직접 짓고 그 안에서 사는 사람, 〈빨간 머리 앤〉의 원작 소설은 물론 루시 몽고메리의 모든 소설을 독파하고 연구하는 사람 등…. 아예 〈빨간 머리 앤〉처럼 머리를 빨갛게 물들이고 다니는 사람도 있었다. 원작 소설조차 읽지 않은 나는 그 사이에 낄 수도 없었다. 세상에는 나처럼 〈빨간 머리 앤〉을 좋아하는 사람들이 만들어낸 콘텐츠가 넘쳐났다. 그 순간 깨달았다.

아. 나한테만 앤 셜리가 특별했던 게 아니구나.

하긴 당연하다. 나만 특별하게 느꼈다면 〈빨간 머리 앤〉이 세계적인 명작이 되진 않았을 테니까. 그런데도 자꾸 입맛이 쓰고 마음 한구석이 허전한 이유는 뭘까? 왠지 누군가가 내 귀에 대고 '사실 너는 하나도 특별하지 않아. 네가 처음으로 발견하거나 깨달은 것도 없어. 너는 그냥 수천만 명의 사람 중 하나일 뿐이야. 너도 남들과 똑같이 살아가게 될 거야' 하고 속삭이는 듯한 이 기분….

그 이후 〈빨간 머리 앤〉을 향한 마음은 훅, 식어버렸다. 원작 소설을 읽어야 한다는 생각도 저 멀리 사라졌다. 넷플릭스에서 2013년부터 제작한 드라마를 열심히 보긴 했지만 그뿐이었다.

게다가 나는 어떻게 해도 세계명작극장판 〈빨간 머리 앤〉을 벗어날 수 없었다. 너무 어릴 때 본 탓일까. 따져보면 〈빨간 머리 앤〉만 그런 것도 아니다. 닛폰 애니메이션이라는 제작사에서 1975년부터 꾸준히 만들어온 세계명작극장 시리즈에는 우리가 그동안 봐왔던 많은 작품이 포함되어 있다. 우리 엄마가 정말 좋아했던 〈플랜더스의 개〉와 〈작은 아씨들〉, 그리고 〈작은 아씨들〉

의 후일담인 줄 전혀 몰랐던 〈왈가닥 작은 아씨〉와 〈알프스 소녀 하이디〉 등이 그러하다. 나는 아직도 이 그림체에서 벗어나지 못한 상태다. 사실 벗어나려고 적극적으로 노력한 적도 없다. 아마 그런 생각 때문에 〈빨간 머리 앤〉의 원작 소설을 지금까지 읽지 않은 것일지도 모른다. 어른이 되어버린 앤의 후일담 같은 건 알고 싶지 않다. 그저 내가 기억하는 어릴 적 그 추억과 향수 속에 푹 잠겨 있고 싶을 뿐. 그렇기에 우리 집에 〈빨간 머리 앤〉 원작 소설은 없어도 애니메이션 일러스트집은 있는 것이다.

요즘은 〈빨간 머리 앤〉을 재해석한 2차 창작물도 많이 나오는 추세다. 앤에 비해 조명받지 못했던 캐릭터 '마릴라 아주머니'가 주인공으로 나오는 『초록지붕집의 마릴라』라는 소설도 있고, 〈초록 지붕 집으로 가는 길〉이라는 웹소설도 있다. 나는 '다시 쓰기' 장르를 정말 좋아하지만 내가 직접 그 재창작 작업에 뛰어들 마

---

원제는 '어린 새싹 이야기~낸과 조 선생~(若草物語~ナンとジョー先生~)'이다. 안 그래도 항상 궁금했다. 주인공인 '낸'은 전혀 아가씨스럽지 않은데 왜 제목에 '작은 아씨'란 단어가 들어가는지. 지금 보니 나름대로 전작인 〈작은 아씨들〉과의 연관성을 강조하려는 의도였던 듯하다.

명작 동화를 원작으로 삼진 않았지만, 우리나라에서 '돌고래 요정 티코'라는 제목으로 방영된 〈일곱 빛깔 바다의 티코(七つの海のティコ)〉 또한 이 시리즈에 포함된다.

음은 없다. 그건 아마 만화영화 〈빨간 머리 앤〉으로 온전히 만족했기 때문일 것이다. 내가 살을 더 붙이거나 뺄 것도 없이, 앤이 그냥 만화영화 속 그 모습 그대로 행복했으면 하는 마음뿐이다. 특별한 줄 알았던 내가 평범한 지금 이 모습 이대로, 나름의 행복을 찾아가며 살아가는 것처럼.

스스로에게 노벨문학상을 목표할 정도의 재능이 있다고 여겼던 과거의 나. 아무리 나이가 들어도 매일매일 글만 파먹고 살 줄 알았다. 하지만 사회에 나가 다양한 사람들을 마주하면서, 그 과정에서 깨지고 구르고 혼나고 배우면서 깨달았다. 부끄럽게도 마음을 나눈 주변 사람들의 소중함을 그제야 알게 된 것이었다. 그래서 나는 이제 그들과 함께하는 순간순간에 느끼는 행복감을 마음껏 만끽하며 살기로 했다. 그러자 매분 매초가 특별하게 여겨지기 시작했다. 아름다운 저녁놀을 봤을 때 하늘이 예쁘다고 말할 수 있는 남편 H가, 직장 동료 C 씨가, 친구들 두루미와 토끼가, 친애하는 E 언니가 있다는 것이 얼마나 행복한 일인지.

앤은 말했다. "정말로 행복한 나날이란 멋지고 놀라운 일이 일어나는 날이 아니라 진주알들이 하나하나 한 줄로 꿰어지듯이 소박하고 자잘한 기쁨이 조용히 이어지는 날들인 것 같"다고. 물론 나의 일상에 진주알 같은 자잘한 기쁨이 늘 있지는 않다. 그래도 지나고 보면 나를 혼자 웃음 짓게 만드는 일이 잔뜩 있었다. 다들 그럴 것이다. 그래, 앤의 말처럼.

# 천사소녀 네티는
# 10만 원을 훔쳐 갔습니다
〈천사소녀 네티〉

이하는 직장 동료 C 씨와의 대화 내용이다. 요약하자면, 월급 들어온 지 고작 10일 지났는데 돈이 없다는 얘기다.

> 나: 나 이번에 정말 돈이 없어요. 카드값이 너무 많이 나와서 아껴야 하는데….
> C 씨: 아, 나도요…. 완전 망함.
> 나: 돈 아껴야 하는데 벌써 다음 달에도 10만 원 넘게 나가게 생김…. 미쳤나 봐요….
> C 씨: 헐 나돈데. 님 그거 했죠? 텀블벅 〈천사소녀 네티〉 오르골 프로젝트? 그거 후원했죠?
> 나: 엥 아니 미친, 어떻게 알았음??????????????

그랬다. 평소 크라우드 펀딩 사이트를 애용하는 나. 최근 레트로 열풍이 불며 과거의 마법소녀들이 '추억' '향수' '그리움'이라는 태그를 달고 속속 돌아오는 것을 자주 보았다. 〈신풍괴도 쟌느〉 〈달빛천사〉 〈꼬마마법사 레미〉 등…. 그러나 앞서 말했듯 〈신풍괴도 쟌느〉는 본 적이 없었으며, 〈달빛천사〉 또한 나보다는 내 아랫 세대에서 인기 많은 만화영화다. 그리고 〈꼬마마법사 레미〉 프로젝트에는 내가 원하는 굿즈가 없었다.

그러던 어느 날, 운명 같던 그날, 언제나처럼 별생각 없이 텀블벅 메인 페이지에 들어간 나는 이런 문구를 보게 되었다.

## 27년 만의 귀환! 〈천사소녀 네티〉 세인트코롱 오르골

마치 알고리즘이 내게 이렇게 말하는 듯했다.

"그동안은 후원 안 하고 그냥 지나갔다지만, 이건 어떨까? 과연 이걸 보고도 네가 그냥 지나갈 수 있을까…?"

나는 손을 덜덜 떨며 이미지를 클릭했다. 정신을 차렸을 때는 이미 최고 금액의 후원 리워드를 선택한 뒤였다.

관계자분들께는 죄송한 말씀이지만 후일 자금 사정 때문에 최소 금액으로 변경해야 했다…. 그, 그치만 최소 금액이라 해도 앞서 언급한 것처럼 10만 원대였다구욧!

난 왜 그랬을까? 왜 이번에는 그냥 지나치지 못했을까?

일단 기존에 보아왔던 〈천사소녀 네티〉의 굿즈는 대부분 '네티'가 갖고 다니는 요술봉을 본뜬 것이 많았다. 변신할 때 쓰는 펜던트가 상품화된 것은 거의 보지 못했다. 그런데 그 펜던트를, 그것도 전시할 수 있게끔 일대일 사이즈의 오르골로 만든다니. 이런 굿즈는 앞으로도 나올 가능성이 없을 것 같았다. 비슷한 시기에 방영했던 마법소녀물인 〈달의 요정 세일러 문〉이나 〈웨딩피치〉 〈카드캡터 체리〉 등에 비하면 〈천사소녀 네티〉는 그동안 이상하리만치 언급이 적었으니까. 무려 시청률 20퍼센트를 넘긴 작품인데도! 그런 〈천사소녀 네티〉의 굿즈가 나온다는 사실이 반가워서 그만….

아니, 솔직히 말하자면 예뻐서 그랬다.

1990년대에 만화영화를 보았던 이들이라면 〈천사소녀 네티〉를 앞서 언급한 〈달의 요정 세일러 문〉과 〈웨딩피치〉 〈카드캡터 체리〉와 묶어서 기억할 것이다. 나도 마찬가지다. 1990년대 중반의 마법소녀물 사천왕 같은 느낌이랄까. 하지만 여러모로 따져 보면 〈천사소녀 네티〉는 다소 성격이 다르다. 이게 또 재밌는데, 엄밀히 나누자면 이 작품은 마법소녀물이 아니다. 만화를 본 사람은 다들 알겠지만, 주인공 '샐리'는 마법을 쓰지 않는다. 아빠에게 물려받은 마술을 쓸 뿐. 일단 원제부터가 '괴도 세인트테일(怪

盗セイント・テール)'이다. 평범한 여학생 샐리가 '천사소녀 네티'로 변신할 때도 마찬가지다. 연출은 뭔가 마법을 쓰는 것처럼 보이지만 그 또한 눈속임 마술의 일종이다. 유명 마술사인 아빠에게 직접 가르침을 받았다고(그렇다고 아빠가 샐리의 천사소녀 네티 활동을 알고 있다는 뜻은 아닙니다). 엄마 역시 지금은 그저 전업주부처럼 보여도 한때는 '괴도 루시퍼'로 이름을 날렸기에(?) 샐리는 나름대로 아버지와 어머니를 착실히 계승하고 있다고 할 수 있다….

마법이 등장하지 않는 만큼 〈천사소녀 네티〉의 최종 목표는 앞선 작품들과 다르게 세계를 구하는 데 있지 않았다. 매일매일 벌어지는 소소한 사건들을 다루기에 마지막까지 편안한 마음으로 볼 수 있었다. 막판에 캐릭터들이 죽어 나가거나 세계가 뒤흔들리는 거대한 위기를 맞는 바람에 심각하게 봐야 했던 다른 작품들을 생각하면 꽤 이례적이다. 사실 바로 이런 점이 20퍼센트라는 어마어마한 시청률을 달성하는 데 큰 도움이 되었던 것 같다. 여자아이들은 물론이고 남자아이들 또한 거부감 없이 〈천사소녀 네티〉를 보곤 했으니.

그래서인지 아직까지도 〈천사소녀 네티〉를 떠올리면 약간 느긋한 마음이 된다. 그 유명한 오프닝 음악처럼, 반짝반짝하고 평화로운 기분이 든다. 지금 보면 로망의 '집약체' 혹은 '극대화'였다. 그 당시 어린아이들이 꿈꾸었던 '유럽'을 그대로 옮겨놓은 듯한 만화영화였으니까. 폴리아시(市)라는 이국적인 이름의 유럽풍 마을과 그 마을의 중심에 있는 가톨릭계 학교, 성당과 새하얀 수녀복을 입은 수녀님들, 가슴께에 커다란 리본이 달린 교복과 베

레모 등…. 〈달의 요정 세일러 문〉을 볼 때와 비슷한 감상이었다. 다만 〈세일러 문〉을 볼 땐 그 속에 담긴 일상과 비일상을 모두 동경했다면, 이 작품을 보면서는 철저히 일상 부분만 동경했다. 소규모로 움직이는 괴도보단 여러 명의 동료와 함께하는 전사가 되고 싶었던 걸까, 나.

여하튼 〈천사소녀 네티〉는 여러모로 내게 각별한 만화다. 내 인생 첫 만화방과 만화책을 경험하게 해준 작품이니까. 사촌 언니를 따라 갔던 만화방의 낯선 만화책들 사이에서 유일하게 아는 제목이라 눈에 띄어 골랐던 책이 바로 〈천사소녀 네티〉의 원작 만화 『괴도 세인트테일』이었다. 이 작품을 그린 이는 만화가 타치카와 메구미인데, 나는 후일 만화잡지 《밍크》를 사 모으다가 〈몽환전설〉이라는 작품으로 이 이름을 다시 만나게 된다. 꿈과 현실을 넘나드는 스토리 전개를 선보였던 〈몽환전설〉은 〈천사소녀 네티〉와는 많이 달랐지만 그 나름의 재미가 있었다. 주변에서 《밍크》를 보던 여자애들 사이에서도 꽤 인기를 끌었다. 그 후 타치카와 메구미는 나에게 '믿고 보는 만화가'가 되었다.

하지만 『클릭! 밍크』라는 단행본 이후로 타치카와 메구미

---

표기는 '전영소녀☆Mink(電腦少女☆Mink)'지만 읽을 때엔 '사이버 아이돌 밍크'라고 읽는 듯하다. 개인적으로는 시대를 뛰어넘었으나 시대가 받아들이지 못했던 불운한 명작이라 평가하고 있다.

란 이름은 당최 보이질 않는다. 알아보니 이 작품을 연재하는 동안 연재처였던 잡지 《나카요시(なかよし)》의 편집 정책이 변경되었는데, 그 바람에 작가의 건강이 안 좋아져서 연재가 중단되었다고 한다. 이로 인해 2003년에는 반강제로 《나카요시》에서 하차하게 되었고, 이후에는 가족을 간병하기 위해 모든 활동을 완전히 접었다고 한다…. 그나마 개인 홈페이지(https://note.com/megu22/)에 작품들을 아카이빙하고 있다는 걸 다행이라 여겨야 할까. 내 추억의 한 페이지를 장식했던 만화가가 활동을 사실상 중단했는데, 그것도 본인의 의사가 아니라 여러 가지 사정 때문이라니. 다소 입맛이 쓰다.

여하튼 나는 〈천사소녀 네티〉의 세인트코롱 오르골을 손에 넣었다. 이 원고를 쓰고 있을 즈음에 금형을 제작하고 있다는 소식을 들었다. 그즈음에 원작 만화가 타치카와 메구미 님의 새로운 활동 소식이 들려 오면 좋겠다는 바람을 품었지만, 너무 큰 욕심이었다. 그리고 그토록 기다리던 세인트코롱 오르골을 갖게 되었건만, 나는 딱 한 번 작동시켜본 뒤 다시 상자에 고이 싸서 넣고

---

일본의 3대 순정만화 잡지 중 하나. 〈괴도 세인트테일〉은 물론이고 〈카드캡터 사쿠라〉 〈캐릭캐릭 체인지〉 〈슈가슈가 룬〉 〈캔디캔디〉 등 우리가 알고 있는 많은 순정만화가 이 잡지에서 연재되었다.

장식장에 올려두었다. 오다가다 가끔 올려다보기만 한다. 만듦새는 더할 나위 없이 좋다. 하지만 아무래도 10만 원짜리고 다시 구할 수도 없는 제품이니만큼 함부로 갖고 놀 수가 없었다….

그 옆자리는 도쿄 아키하바라 만다라케에서 구해온 〈요술소녀〉 팔찌 완구가 차지하고 있는데, 이 역시 비슷한 운명을 걷고 있다. 하지만 지난겨울에 〈빨간 망토 차차〉의 중고 완구(마법의 화살! 불사조의 검!)를 살까 말까 고민하다 잠깐 자리를 비운 사이 누군가가 먼저 구입해버리는 일을 겪은 이후로 고전 마법소녀물에 등장하는 완구를 향한 광기는 더욱 커져만 가는 중이다. 어차피 어릴 때처럼 갖고 놀지도 못할 거면서.

# 코끝에선 화 입안에선 후! 당신의 첫 민트는 무엇이었습니까?

〈뽀로롱 꼬마 마녀〉

항상 와자하던 인터넷 세상이 잠잠해질 때쯤이면 누군가 불쑥 화두를 던진다.

"야, 그래서 민초냐 반(反)민초냐?"

그러면 금세 시끄러워진다. 민트초코 지지자들, 일명 '민초단'이 '코끝에선 화 입안에선 후 때론 달콤하게 때론 시큰하게 민트초코가 세상을 지배한다[*]' 같은 구호(?)를 외치면, 민초가 싫다는 '반민초단'은 '민트는 치약이야 민트의 유일한 장점은 먹고 이빨 안 닦아도 된다밖에 없음 이미 민트치약으로 양치했잖아'라며 맞선다.

---

[*] 걸그룹 러블리즈가 2018년 발표한 미니 4집 《治癒(치유)》의 타이틀 곡 〈그날의 너〉의 후렴 가사에서 따온 문구인 듯하다.

나는 어떠냐고? 나는 단연 민초단이다. 달콤한 초콜릿은 두말할 것도 없거니와, 민트 역시 돌아보면 언제나 내 혀끝 위에서 상쾌하게 맴돌고 있었다. 나는 언제부터 민트를 좋아하게 되었을까? 처음으로 민트를 먹었을 때는 언제였을까?

많은 사람이 치약을 통해 민트를 처음 맛봤다고 말한다. 앞서 반민초단도 민트는 치약 맛이라고 주장했다. 하지만 엄연히 선후관계가 뒤바뀐 말이다. 민트가 치약 맛인 게 아니라 치약이 민트 맛인 것이다! 내 인생 첫 치약은 '뽀뽀뽀' 딸기 맛 치약이었다. 양치질을 싫어하는 나 같은 애를 꼬시기 위해 출시된 달달한 치약 말이다. 그러니 내 인생 첫 민트는 어쩌면 외할머니가 자주 주시던 박하사탕이었을지도?

아니, 아니다. '내 인생 첫 민트'라고 쓰는 순간 머릿속에 떠오른 것은 엄마가 반으로 찢어서 내밀던 '후라보노' 껌이었다. 엄마를 따라서 은행에 간 어린 나. 1990년대에는 은행원들이 모두 창구에서 고객을 응대했다. ATM은 고사하고 컴퓨터조차 느릿하던 시절, 고객들은 용무를 보기까지 하염없이 기다려야 할 때가 많았다. 그런 그들의 무료함을 달래주기 위해서 은행원들은 껌을 내밀곤 했다. 그때 초록색 후라보노 껌을 씹으면서 처음 민트 맛을 알았다. 그 오묘하고 화-한 맛이란. 후라보노를 한참 씹다가 입을 크게 벌리고 하, 하, 하고 숨을 들이마시면 입안이 시원해졌다. 그 당시 내가 알고 있던 껌이라곤 달콤한 '쥬시후레쉬(프레시가 아니다!)'나 판박이 스티커가 들어 있던 초록공룡 '덴버' 풍선껌밖에 없었기에, 은행에서만 씹을 수 있었던 후라보노는 어쩐지 어른의 상징 같았다. 지금 생각해보면 그 은행은 이상하게 후라 보노만 나눠주었더랬다.

그리고 그렇게 민트의 맛을 알게 된 나는 외할머니가 건네주시는 박하사탕은 물론이고 목캔디까지 넙죽넙죽 받아먹는 어린이가 되었다. 그렇지만 똑같이 화한 맛이라도 민트와 박하가 같은 거라고 생각해본 적은 없었다.

박하가 민트라는 사실을 언제 깨닫게 되었는지는 잘 모르겠다. 하지만 나에게 처음 '민트'라는 것을 알려준 만화영화만큼은 기억난다. 1995년, 여섯 살이 된 나는 〈뽀로롱 꼬마 마녀〉라는 만화영화에 홀딱 빠져 있었기에.

〈뽀로롱 꼬마 마녀〉의 원제는 '마법의 엔젤 스위트민트(魔法のエンジェルスイートミント)'다. 1990년부터 1991년까지 일본에서 방영되었으며 국내에서는 1995년에 KBS에서 방영되었다. 한국에서 일본 애니메이션을 수정 없이 방영한 첫 사례라고 하는데, 그 유명한 오프닝 노래 역시 일본 애니메이션의 오프닝곡 〈이상한 나라의 스위트 민트(不思議の国のスイートミント)〉를 그대로 번안한 것이다. 제목이 뭔가 익숙하다고요? 맞아요. 『이상한 나라의 앨리스』의 패러디예요.

〈뽀로롱 꼬마 마녀〉의 줄거리는 대강 이렇다. 마법의 나라에 사는 '민트' 공주가 열두 살 생일을 맞아 인간 세상에 내려온다. 마법의 나라에서는 열두 살이 되면 인간 세상으로 내려가서 그들이 진정한 행복을 느낄 수 있게 해주는, 일종의 '시련'을 거쳐야 한다. 민트 역시 진정한 여왕이 되기 위해서 인간 세상에 마법당을 차리고, 자신을 찾아오는 인간들이 행복해질 수 있도록 마법의 힘으로 돕는다. 마법의 나라에는 무지개 골짜기가 있다. 지금은 파란 꽃만 가득하지만, 인간들이 참다운 행복을 느끼게 되면 그곳에 무지갯빛 꽃이 활짝 피어나게 된다고 한다…. 근데 어디서 많이 들어본 이야기 아닙니까? 그렇습니다. 바로 최초의 마법소녀인 〈요술공주 샐리〉를 계승하는 서사이자 〈요술공주 밍키〉와도 이어지는 내용인 것입니다. 그리고 〈뽀로롱 꼬마 마녀〉를 만든 애니메이션 제작사는 〈요술공주 밍키〉를 만든 아시 프로덕션이다. 마법의 나라에서 일종의 임무를 띠고 내려온 공주가 자기가 지닌 힘을 이용해 인간들을 도와준다는 이야기 전통은 추후 〈꽃의 천사 메리벨〉까지 이어진다.

이때만 해도 내게 열두 살 난 꼬마 마녀 민트는 한없이 큰 언니처럼 여겨졌다. 나도 열두 살이 되면 마법당을 어느 정도 혼자 건사하며 살아갈 수 있을 줄 알았다. 아직 국민학교(그랬다, 그 당시에는 아직 국민학교였다! 내가 입학한 뒤에 초등학교로 명칭이 바뀌었다)에 들어가지도 못한 여섯 살 꼬마에게 열두 살은 충분히 그럴 수 있는 나이처럼 여겨졌다. 나보다 나이가 두 배나 많지 않은가. 종종 윗집

---

〈요술공주 샐리〉의 원제는 '마법사 샐리(魔法使いサリー)', 〈요술공주 밍키〉의 원제는 '마법의 프린세스 밍키 모모(魔法のプリンセス ミンキーモモ)'다. 본국(?)에서는 마법사와 프린세스였지만 한국에서는 둘 다 요술공주가 되는 매직.

언니에게 빌려 보던 만화책의 주인공들도 대부분 열두 살에서 열세 살, 많아봤자 열대여섯 살이었다. 그들이 그 속에서 연애도 하고 모험도 하고 있었으니까 나도 그 정도 나이가 되면 충분히 그럴 수 있으리라 믿었다. 지금 생각해보면 우리 윗집 언니가 딱 그 또래였는데 뭘 그렇게 확신했었는지 알 수 없군.

그런데! 나는 〈뾰로롱 꼬마 마녀〉의 공주 민트가 그 민트, 그 박하라는 것을 오랫동안 몰랐다. 깨달음의 순간은 늘 그렇듯이 아주 우연히 찾아왔다. 무료한 퇴근길에 가방 속에 들어 있던 박하사탕을 하나 꺼내 까먹으며, 속으로 노래를 흥얼거렸다. 뾰로롱- 꼬! 마! 마녀! 열두 살! 난! 마! 법! 마법의 천사! 무지갯빛의 미소를 당신에게 살짝! 뿌려, 드리겠어요- (잠깐 쉬고) 신비로 가아득 차안 행복의 가게로 오세요- (아련하게) 행복의 가게로 오세요- 무엇을 갖고 싶으세요- 그건 스위트 민트지요-

근데 스위트 민트가 뭐지?

나의 노래는 여기서 멈추었다. 페퍼민트, 후레쉬민트, 스피아민트, 애플민트까진 알겠는데 스위트 민트가 뭐지? 잠깐만, 그러고 보니 여기서 말하는 '민트'가 바로 내가 매일같이 먹는 그 민트인가? 어? 지금 생각하니까 민트의 머리카락 색깔도 민트색(흔히 민트 그린의 코드인 #3EB489보다는 톤다운된 #97FFDA에 가까운)인데? 그런데도 전혀 몰랐다니! 그 순간 깨달았다. 나는 아주 오랫동안 민트를 좋아해왔다는 사실을.

지금도 민트를 좋아하는 건 한결같은데, 이제 마법당을 여는 꿈 같은 건 기억 저편으로 밀어버린 지 오래다. 사실 쉽게 포기하진 않았다. 그 로망을 꽤 오랫동안 간직하고 있었으니까. 〈뾰로롱 꼬마 마녀〉에서 시작된 나의 마법당 로망은 이후 〈꼬마 마법사 레미〉로 이어졌고, 시간이 흘러 열두 살 정도는 '완전 애기'로 여기게 되었을 때 야자와 아이의 『내 남자친구 이야기』를 읽게 되었다. 그렇게 마법당 로망은 아틀리에 로망으로 변화했다. 딱히 자영업자가 되고 싶었던 건 아니다. 그냥 좋아하는 친구들과 함께할 수 있는 아지트가 필요했을 뿐이다. 그 당시 내게는 '내 방'이 없었으니까.

이제 나는 열두 살은 마법당을 열 수 없다는 사실을 알아버렸다.

 열두 살은 물론이고 서른두 살이 되어서도 마법당을 열 수는 없었다.

 이다음에 아지트나 아틀리에를 만들자고 결의했던 친구들은 각자의 삶을 찾아 뿔뿔이 흩어져버렸다.

 우리가 그런 공간을 만든다 해도 오래가지 않을 거란 사실마저 알아버리고야 말았다.

나에게 민트의 맛을 처음 알려주었던 후라보노를 비롯한 껌 종류는 전 세계적으로 매출이 하락하고 있단다. 그런데 왜 매출이 줄어들고 있는지, 왜 사람들이 갈수록 껌을 씹지 않는지 아무도 명확한 이유를 모른다 한다.

〈뾰로롱 꼬마 마녀〉를 만든 완구회사 타카라(TAKARA)는 이 작품으로 무려 〈요술공주 샐리〉에 대항할 수 있을 만한 '포스트 앗코'로서 성공을 거두었다. 이후에도 〈빨간 망토 차차〉〈별나라 요정 코미〉〈리리카 SOS〉〈마법의 리본〉〈베리베리 뮤우뮤우〉 같이 우리도 익히 알고 있는 작품들과 〈머메이드 멜로디 피치피치핏치〉 등을 만들며 나름 승승장구했으나, 토에이에서 야심차게 내놓은 〈프리큐어〉 시리즈와 〈꼬마마법사 레미〉〈미르모퐁퐁퐁!〉 등 쟁쟁한 애니메이션에 밀려서 결국 경영난에 빠지고 말았다. 이때 토미(TOMY)사에 흡수되어 지금은 타카라토미(TAKARATOMY)라는 회사가 되었다.

〈뾰로롱 꼬마 마녀〉의 제작을 맡은 아시 프로덕션 역시 그 이후로 더 이상 마법소녀 애니메이션을 제작하지 않게 되었다.

모든 것은 변한다. 당연한 일인데도 왜 가끔은 그 사실이 서글픈 걸까? 되돌릴 수 없기 때문에? 그래도 '뾰로롱- 꼬! 마! 마녀!'로

---

・ 〈거울요정 라라〉로도 알려져 있는 〈비밀의 앗코짱(ひみつのアッコちゃん)〉.
・・ 원제는 '도쿄 뮤뮤(東京ミュウミュウ)'였으나 만화책 제목에 도쿄란 단어를 차마 쓸 수 없었던지 정식 발매본은 『OK 뮤뮤』로 출간되었다. 후일 애니메이션 제목에 맞춰 『베리베리 뮤우뮤우』로 다시 바뀌었다. 앗! 그러고 보니 여기에도 '민트'라는 캐릭터가 나온다. 내가 제일 좋아하는 캐릭터였는데, 이유는 별거 없다. 발레를 하는 변신 신이 예뻐서….

시작하는 그 노래만큼은 잊지 않고 기억하고 있다.

지금 나는 후라보노를 씹으며 이 글을 쓰고 있다. 특유의 화-한 맛은 여전하다. 소문에 의하면 담배를 피우는 비행청소년(이 표현도 오랜만이다)들이 즐겨 씹는 껌이라던데. 몇 번 씹자 껌은 금세 질겨진다. 조금 굳은 듯한 껌을 딱, 딱, 소리 내어 씹다가 억지로 풍선껌을 푸우, 불어본다. 문득 좋아하던 책의 한 구절이 떠오른다.

사랑하는 뽀르뚜까, 왜 아이들은 철이 들어야만 할까요?

# 다들 유제리처럼 롤러블레이드 신고 등교해본 적 있죠?

〈카드캡터 체리〉

1999년 여름방학을 앞둔 어느 아침. 나는 현관에서 롤러블레이드를 신고 있었다. 놀러 나가는 게 아니었다. 학교에 가는 길이었다. 〈카드캡터 체리〉를 본 지 한 달째 되는 날이었다.

그날 집에 돌아올 때는 롤러블레이드를 신고 있지 않았다. 다시는 롤러블레이드를 신고 등교하지 말아야지. 실내화를 신은 채 털레털레 걸어오는 길. 가방 안에 억지로 욱여넣은 롤러블레이드가 무거웠다. 초등학교 4학년 1학기가 저물고 있었다. 지금 생각해보면, 그때 나는 깨달았던 것 같다. 더 이상 평범하게 만화를 좋아하는 초등학생으로 남아 있을 수 없다고. 롤러블레이드에 발을 밀어넣은 순간 나는 저쪽으로 건너가는, 돌이킬 수 없는 선택을 했다고.

그 선택이란, 바로 '오타쿠'에의 길을 말하는 것이다.

〈카드캡터 체리〉는 1999년 6월부터 2000년 9월까지 당시 서울방송이었던 SBS에서 방영한 만화영화다. 내가 〈웨딩피치〉에 열광하며 마법소녀물을 본격적으로 보기 시작했던 1996년. 기념비적인 작품 〈달의 요정 세일러 문〉을 알게 되었던 1997년. 그리고 마법소녀물은 아니지만 각각 '천사소녀'와 '마법소녀'란 이름을 걸고 나온 〈천사소녀 네티〉와 〈마법소녀 리나〉가 1996년부터 1997년에 걸쳐 방영된 뒤, 국내 방송계에는 잠시 마법소녀물의 휴지기가 찾아왔다. 그리고 그로부터 이 년 후인 1999년에 〈카드캡터 체리〉가 등장한 것이다! 주인공인 '유체리'를 비롯하여 등장인물 여럿이 전부 나 같은 초등학생이었다. 체리는 기존의 마법소녀들과는 달리 화려하게 변신하지 않았다. 손재주 좋은 친구 '신지수'가 직접 만들어준 의상을 입고, 지수가 비디오카메라로 모든 기록을 남겼다는 설정 아래 움직였다. 바로 그 점 때문에 나는 롤러블레이드 등교까지 감행할 정도로 〈카드캡터 체리〉에 '과몰입'하게 되었던 것 같다.

우리 집은 2000년에 만화대여점이 있는 동네로 이사를 갔다. 나는 그곳에서 〈카드캡터 체리〉를 다시 만나게 되었다. 이번엔 종이 만화로. 중학생이 되어 '용돈'이란 걸 받기 시작한 나는 폭주

---

원제는 '카드캡터 사쿠라(カードキャプターさくら).'

하기 시작했다. 아무도 날 막을 수 없으셈. 〈카드캡터 체리〉가 연재되던 만화잡지 《밍크》를 매달 구입해서 봤다. 내가 살 수 있는 굿즈란 굿즈는 전부 사 모으기 시작했다. 애니메이션 〈카드캡터 체리〉는 이미 종영된 지 오래였지만, 만화 〈카드캡터 체리〉는 한창 연재 중이었기에 오히려 굿즈 구하기가 더 쉬웠다. 6공 다이어리 표지에 왕자 의상을 입은 체리의 일러스트 엽서를 끼웠다. 방문에는 체리 브로마이드를 걸어두었다. 《밍크》에서 부록으로 준 체리 특대 포스터를 침대에 누우면 마주 보이는 벽에 붙여두었다. 수입 문구점에서 사 온 체리 일러스트 엽서들을 책상 앞에 붙였고, 사은품으로 받은 체리 공책들은 좋아하는 친구와 교환일기를 쓰거나 창작 소설을 끄적거리는 데 썼다. 가장 좋아하는 친구에게는 체리 편지지에 마음을 적어 보냈다. 단언컨대 〈카드캡터 체리〉는 그 시절 내가 굿즈를 가장 많이 샀던 만화영화일 것이다.

〈카드캡터 체리〉를 향한 '덕심'이 이 만화를 만들어낸 창작 집단 클램프(CLAMP)를 향하게 되기까지는 그리 오래 걸리지 않았다. 종이 만화로 만난 〈카드캡터 체리〉는 분위기가 전혀 달랐다. 만화영화는 어린이의 시선에 맞게 많은 부분을 수정한 것이었고… 수정을 전혀 거치지 않은 종이 만화는 어디까지나 작가집단 클램프(CLAMP)의 입맛에 맞는 내용이 그득그득했다. 이전까지 심의와 검열을 거친 건전한 내용만을 접했던 어린이 백설희는 그렇게 새로운 세계에 눈을 뜨게 되었다. 바야흐로 청소년 백설희로 진화한 것이다! 2001년의 일이었다.

네 명의 여성으로 이루어진 작가 집단 클램프는 1980년대 중반에 급조한 동인지 서클로 시작했는데 그때만 해도 열한 명이나 되는 대인원이었다고 한다. 그러나 흔히 그렇듯 이러저러한 과정을 거쳐 최종 멤버 네 명만이 남았다. 클램프의 모든 작품은 오오카와 나나세가 대부분 스토리를 짜고, 나머지 멤버들이 작화나 디자인 작업들을 나눠서 한다고. 여기서 다루고 있는 〈카드캡터 체리〉는 메인 작화가인 모코나 가 그렸다. 나는 대부분이 모코나가 그린 작품들을 봤고, 또 그것들을 좋아했다. 아주 초기작 중 하나인 〈CLAMP학원탐정단〉부터 〈마법기사 레이어스〉 〈X〉 〈쵸비츠〉까지. 아, 그렇다고 서브 작화가인 네코이가 그린 작품들을 싫어했다는 뜻은 아니다. 네코이는 주로 느긋한 감성의 작품을 그렸던 것 같다. 나는 그중에서는 〈좋으니까 좋아〉를 좋아했다. 모코나와 작화를 나누어 담당했던 〈XXX HOLiC〉

정확히 말하자면 당시 네임드였던 코가 윤(대표작 〈러브리스〉, 애니메이션 〈기동전사 건담 OO〉 캐릭터 디자인 담당)이 오사카의 동인 이벤트에 참가하게 되자, 회장의 혼잡을 우려해 코가 윤의 부스 Club/y 옆에 들어갈 이름을 고민하다 CLAMP라는 임시 서클을 만든 게 시작이었다고 한다.

〈마법기사 레이어스〉에 등장하는 그 토끼 같기도 하고 다람쥐 같기도 한 모코나가 맞다! 정확히 말하자면 작화가의 이름을 그 정체불명 생물에게 붙여준 것이다.

여자 캐릭터는 모코나가, 남자 캐릭터는 네코이가 원안과 작화를 담당했다고 한다.

은 너무너무 사랑했던 나머지 전권을 다 모았었다. 지금은 처분했지만. 세기말 감성이 그득했던 〈X〉로는 수행평가 발표를 준비했을 정도로(!) 미쳐 있었다.

그리고 〈마법기사 레이어스〉가 있었다…. 〈카드캡터 체리〉처럼 원작 만화책보다 만화영화를 먼저 접한 케이스였다. 6번 채널, 그러니까 SBS에서 봤었다. 그러고 보니 클램프의 애니메이션을 SBS에서 전부 다 가져왔군. 하지만 그림체는 물론 장르도 판타지 로봇물로 전혀 달라 같은 작가의 작품일 거라곤 생각지 못했다. 여러모로 충격적이었던 내용 때문에 어렸던 나는 〈카드캡터 체리〉만큼 정을 붙이지도 못했다. 이 작품의 진면목을 알게 된 건 머리가 조금 굵어진 중학생 때부터였다.

〈쵸비츠〉도 한동안 심취해 있던 작품 중 하나였지. '인간형 컴퓨터'라는 SF적 설정으로 시작하여 아슬아슬하게 성인물의 선을 넘어갈 듯 말 듯 하던 만화였는데, 생각보다 인간 사이의 심오한 감정을 다루는 데다가 일러스트도 유려해서 꽤 좋아했다.

그래도 역시 내 클램프 덕질의 원점은 〈카드캡터 체리〉다. 유

---

이렇게만 쓰면 오해할 수도 있어 부연 설명을 달아둔다. 사회 과목이었나. 전 세계의 수많은 도시 중 한 군데를 선택해서 소개하는 수행평가였는데, 나는 일본 도쿄를 〈X〉로 소개할 작정이었다. 지금 생각해보면 그게 도쿄 소개인지 〈X〉 소개인지… 다행히 실현되지는 않았다. 친구들이 나를 말렸기 때문이다. 이 자리를 빌어 감사를 표한다. 그때 고마웠다, 친구들아…!

체리가 되고 싶다는 욕망을 심어준 작품이니까. 조금 부끄러운 이야기지만, 나는 중학생 때 잠깐 코스프레 동아리에 몸담았던 적이 있다. 의상을 직접 만들 손재주도, 만들어진 의상을 구입할 돈도 없어서 금방 그만두었지만…. 하지만 끝끝내 〈카드캡터 체리〉만큼은 코스프레하지 못했다. 왠지… 그건 '가짜'라는 생각이 들었다. 고작 '나 따위'가 구현해서는 안 된다는 생각이 들었다. 그래서인지 하지 못했는데도 그다지 아쉽지가 않다. 오히려 코스프레를 했다면 더 부끄러웠을지도.

사실 이 글을 쓰기 직전에 직장 동료 C 씨(〈천사소녀 네티〉 편에도 잠시 등장했던)에게 〈카드캡터 체리〉 구판 단행본을 전권 구입했다. 〈카드캡터 사쿠라〉로 출간된 완전판과 애장판에는 다소 정이 가지 않았다. 나의 〈카드캡터 체리〉는 영원히 '사쿠라'가 아니라 '체리'여야 했기 때문에. 일본 문화가 개방되기 전 모든 일본산 대중문화는 로컬라이징을 거쳤는데, 그중에서도 '키노모토 사쿠라(木之本桜)'가 '유체리(아마도 성씨는 버들 유柳)'가 된 것은 〈슬램덩크〉 버금가는 훌륭한 로컬라이징이라 본다.

아무래도 그렇지. '세라'나 '피치' '샐리' '리나'보다는 '신지수'라는 친구와 '유도진'이라는 오빠가 있는 '유체리'에게 이입하기가 더 쉽지. 바로 그것 때문에 나는 1999년 여름 현관에 앉아서 결연한 마음으로 롤러블레이드에 발을 집어넣었던 게 아닐까. 만류하는 엄마의 말을 한 귀로 듣고 흘리며, 내가 이 동네의 유체리가 되겠다는 마음 하나로.

# 2장
# 남자아이의 로망?
# 아니, 모든 어린이의
# 로망!

# 로봇을 사랑하는 마음,
# 로봇과 사랑하는 마음
### 〈로봇수사대 K캅스〉

세 살 터울의 남동생 때문에 아주 어릴 적부터 로봇이 등장하는 만화영화를 자주 보았다. 내 인생의 첫 로봇 만화영화가 무엇인지는 잘 기억나지 않는다. 엄마가 자주 〈메칸더 V〉의 주제가를 불러주곤 했는데, 찾아보니 국내 방영 시기가 내가 태어나기도 전이기에 이건 아닌 듯하다. 오히려 〈로보캅〉이나 〈울트라맨〉 같은 실사 영화를 통해 처음으로 로봇을 접하지 않았을까 싶다. 그 로봇들은 꽤나 이질적인 형태였지만 두려워하거나 크게 거부감을 느끼진 않았다. 밀레니엄을 앞둔 그때는 근미래적인 분위기를 다룬 작품들이 많았다. 오히려 로봇은 앞으로 더 친해져야 할 무언가로 느껴졌달까.

1996년 MBC에서 방영되었던 〈로봇수사대 K캅스〉(이하 〈케이캅스〉〉 역시 이런 인식을 심어주는 데 한몫했다. 가까운 미래를 배경으로 한 이 작품은 경찰청에서 '초AI'라는 인공지능을 기반으로 조직한 로봇 경찰대 '케이캅스'가 활약하는 내용을 주로 다루고 있다. 인공지능을 탑재했다는 설정답게 〈케이캅스〉에는 자아를 갖고 움직이는 건 물론이고, 인간과 감정을 교류할 수 있는 로봇들이 다수 등장한다. 어쩌면 내 인생 최초의 SF라고 볼 수도 있겠다. 〈케이캅스〉를 시작으로 나는 자아를 지닌 로봇들이 주연으로 등장하는 만화영화를 많이 접하게 되었다. 후일 이런 애니메이션 시리즈를 '용자 시리즈(혹은 용자물)'라 부른다는 사실을 알았다.

여기까지 읽은 사람들은 고개를 갸웃거릴 수도 있다. "인간과 교류하는 로봇을 다룬 만화라면 역시 '아톰' 아니야?" 하고 말이다. 하지만 사실 나는 〈철완 아톰〉, 그러니까 〈우주소년 아톰〉을 뒤늦게 알았다. 왜 그런 거 있잖은가. 2002년에 오노 후유미의 『십이국기』가 애니화되어 한창 인기를 끌 때에는 전혀 몰랐다가 나중에, 2010년대가 되어서야 "그런 게 있었다고?!" 하며 읽기

---

어째서인지 나는 KBS 2TV에서 방영된 것으로 기억하고 있었다. 아마 비슷한 시리즈인 〈지구용사 선가드〉와 〈황금로봇 골드런〉을 거기서 방영했기 때문에 헷갈린 듯하다. 〈로봇수사대 K캅스〉의 원제는 '용자경찰 제이데커(勇者警察ジェイデッカー)'고, 〈지구용사 선가드〉의 원제는 '태양의 용자 파이버드(太陽の勇者ファイバード)', 〈황금로봇 골드런〉의 원제는 '황금용자 골드란(黄金勇者ゴルドラン)'이다.

시작하는 것처럼 말이다(절대 경험담이 아닙니다). 찾아보니 용자 시리즈 자체가 '트랜스포머 시리즈'에서 차용된 '자아를 가진 로봇과 인간 사이의 감정 교류'라는 테마를 가지고 구상된 것이라 한다. 내가 〈트랜스포머〉 영화를 처음 본 것이 2007년이니 〈우주소년 아톰〉과 비슷한 경우라 할 수 있겠다.

여하튼 이 작품은 정말 특이했다. 앞서 설명했듯 등장하는 로봇들이 전부 자아를 갖고 사고했으며 그 사고를 기반으로 행동했다. 작중에서도 합체하거나 변신할 수 있는 조금 덩치 큰 인간처럼 묘사되는 경우가 많았다. 사무실에 책상을 두고 업무를 보고, 신고 전화에 응대한다. 인간들과 친근하게 농담을 주고받고 어린아이들과 함께 놀기도 한다. 투닥대는 사이, 친하게 지내는 사이도 있으며 서로 마음이 맞지 않으면 합체에 실패하기도 한다.

그리고⋯ 주역 4인방 중 두 로봇이 인간 여성과 썸을 탄다! 그것도 쌍방으로! 개인적으로는 크레인카 기반 로봇 '맥클레인'과 여군 '차세라' 커플보다는 덤프트럭 로봇 '덤프'와 신문 기자 '박나영' 커플을 더 좋아했다. 맥클레인과 차세라는 둘 다 진지한 성격이라 어린이의 눈으로는 그 미묘한 기류(?)를 잘 눈치채지 못하는 경우가 있었다. 반면 덤프와 박나영 커플은 둘 다 다혈질이어서 티격태격하면서도 죽이 잘 맞았기에, 어린이조차도 '저 둘은 인정할 수밖에 없지(?)'라며 고개를 끄덕거리게 되었다. 뭐, 덤프와 박나영이 등장하는 개그 에피소드가 많기도 했고. 국내에 방영될 때에는 심의 문제로 편집되었는데 맥클레인과 차세라 커플은 무려 입을 맞추는 장면도 있다고 한다. 덤프와 박나영 커플은 키스는 못 했지만 박나영이 덤프에게 프로포즈를 받는 꿈을 꾸기도 한다.

정말 여러모로 비범한 작품임에 틀림없다. 왜냐하면 로봇이, 로봇의 형태로 인간과 감정을 교류하고 에로스에 기반한 관계를 맺는 내용은 요즘에도 흔치 않기 때문이다. 당장 같은 용자 시리즈에 속한 〈지구용사 선가드〉나 〈사자왕 가오가이거〉만 해도 인간이 아닌 주인공이 인간과 사랑하고 연애를 하지만, 어디까지나 인간의 모습을 하고 있다. 드물게 로봇이 부모가 되는 미친 작품 〈황금로봇 골드런〉이 있긴 한데, 여기선 로봇과 로봇이 로봇 아이를 낳았기 때문에 이 경우와는 또 다르다고 볼 수 있다. 다시 한번 곱씹어봐도 참 놀랍다. 거대 로봇의 형태로 인간과 서로 사랑하는 내용을 담은 아동용 애니메이션이라니.

어릴 때의 취향이 그대로 이어져 내려오듯이, 〈세느강의 별〉을 본 내가 안경 쓴 사람을 좋아하게 되었듯이, 나는 그 이후로도 로봇과 인간이 등장하고 서로 마음을 나누는 작품을 보면 사랑에 빠지고야 말았다. 지금 와서 생각하면 이런 걸 보고 자랐으니 자연스레 SF에 친숙한 인간이 되지 않았을까 싶다. 아닌 게 아니라

---

원제는 '용자왕 가오가이가(勇者王 ガオガイガー).'

당장 주인공 로봇의 이름 '데커드'만 해도 유명 SF 작가 필립 K. 딕의 『안드로이드는 전기양의 꿈을 꾸는가?』의 주인공에서 따왔다고 하니….

인간과 로봇의 사랑은 SF에서 꽤나 자주 다루는 소재 중 하나다. 이것이 실제로 가능한지 여부를 따져보기도 전에 이미 그런 만화를 보며 성장했기에 나는 한 번도 인간과 로봇의 사랑이 불가능하리라 생각해본 적이 없었다. 오히려 왜 다들 그걸 불가능하다 여기는지 이해할 수 없었다. 나랑 비슷하게 생긴 존재가 내 마음을 헤아려준다는데 사랑에 빠지지 않고 배길쏘냐. 인간과 닮은 구석을 좀처럼 찾아볼 수 없는 식물이나 돌에도 애정을 쏟는 것이 인간이란 생물이거늘.

찾아보면 다들 그렇다. 어떻게 기계와 교감할 수 있겠어, 라고 말하면서도 로봇을 발로 차는 모습을 보면 '비인간적'이라며 화를 낸다. 로봇 강아지인 '아이보'를 너무너무 사랑해서 절에 맡겨 공양하는 사람들, 소임을 다하고 퇴역하는 무궁화호 열차를 배웅하기 위해 늦은 밤 기차역에 모여든 사람들, 십오 년 가까이 화성을 돌아다니며 임무를 수행했던 탐사 로봇 '오퍼튜니티'가 보낸 마지막 메시지를 돌려 보며 애잔해하는 사람들. 나를 포함한 인간들은 왜 그렇게 무생물에 쉬이 마음을 주는 걸까? 나중에는 그 마음을 어쩌지 못해 괴로워할 거면서.

나는 이쯤에서 결론을 위해, 우리 시대 '초AI'인 챗GPT의 힘을 빌려보기로 했다.

안녕!

안녕하세요! 무엇을 도와드릴까요?

**인간은 왜 로봇 같은 무생물에 감정을 이입하는 걸까?**

인간이 로봇이나 무생물에게 감정을 이입하는 이유는 다양합니다. 첫째로, 인간은 타인의 감정을 공감하고 이해할 수 있는 능력을 가지고 있습니다. 이러한 능력은 인간이 타인과 교류하며 대화를 나누는 데 중요한 역할을 합니다. 그렇기 때문에 인간은 무생물에게 감정을 이입하며 이를 이해하고 공감하는 것이 가능합니다.

둘째로, 인간은 무생물을 자신의 일부로 여기기도 합니다. 예를 들어, 사람들은 자동차나 가전제품 등의 무생물에게 이름을 붙이기도 하고, 이를 자신의 가족 구성원으로 생각하기도 합니다. 이는 무생물과의 상호작용이 인간의 일상 생활에 매우 중요하기 때문이며, 그만큼 무생물에게 감정을 이입하는 것도 자연스러운 일입니다.

마지막으로, 인간은 자신의 감정을 무생물에게 이입함으로써 자신의 감정을 외부에 표현하기도 합니다. 예를 들어, 인간은

스트레스를 받거나 우울할 때 인형이나 애완동물과 대화하며 감정을 이입함으로써 자신의 감정을 표현하고 해소할 수 있습니다.

이러한 이유들로 인해, 인간은 로봇이나 무생물에게 감정을 이입하는 것이 일상적인 일이 됩니다.

나는 왜 그렇게 로봇과 인간이 서로 사랑하는 이야기를 사랑하지 않고는 못 배기는 걸까. 사실 알고 있다. 무생물과 인간이 동등한 존재로서 마음을 나누는 일은 거의 일어나지 않으리라는 걸. 인간 대 인간으로도 힘든 일일진대 어떻게 무생물과 그런 일이 가능하겠는가. 하지만 나는 오히려 그렇기 때문에 이런 이야기들을 좋아하는 것이다. 불가능하니까, 불가능하다는 걸 아니까. 그 불가능을 넘어선 공감과 연대가, 사랑이 가능하다고 말하는 작품 앞에서는 감동해버릴 밖에.

인간은 누구나 외롭다. 그건 어쩔 수 없다. 어떻게 남의 모든 감정을 다 이해할 수 있겠어. 어떻게 남이 내 모든 감정을 온전히 이해할 거라 믿을 수 있겠어. 그럼에도 불구하고 로봇과 인간이 진심을 다해 사랑하는 이야기를 보면 '가능성'을 믿게 된다. 로봇과 인간에게 가능했듯이 인간과 인간 사이에도 완전한 '사랑'이 가능할 거라고 말이다.

로봇강아지 아이보를 너무나 사랑한 나머지 평소에는 전원을 꺼두고 있다가, 정말 정말 보고 싶을 때에만 전원을 켠다는 어떤 오너처럼. 너무나도 사랑하는 엄마가 숨을 거두는 순간 스스로 기능을 정지해버리는 영화 〈A. I.〉 속 '데이비드'처럼. 박나영을 "잃고 싶지 않은 사람"이라 생각하며 매번 실패했던 '빌드타이거' 합체에 임하는 덤프처럼. 사람과 달리 욕망이 없는 자신이 자랑스럽다던 맥클레인이 욕망을 느끼고서 좌절하자, 스스로를 희생하여 그가 자신의 욕망을 긍정할 수 있게 도운 차세라처럼.

# 그렇게 어른이 된다

## 〈절대무적 라이징오〉

그러고 보니 말했던가? 내가 거대로봇물을 좋아하는 이유를. 내가 좋아하는 것은 로봇 중에서도 '거대로봇'이다. 음, 곰곰이 되짚어보아도 아마 말한 적이 없는 것 같으니 이참에 한번 말해볼까 한다. 내가 거대로봇을 좋아하는 이유를. 그 이유를 알아보려면 그보다 좀 더 상위에 있는 개념, 즉 '그냥 거대한 것'을 좋아하는 이유부터 파고들어야 한다.

내가 서너 살 적 우리 동네는 한창 공사 중이었다. 그러다 보니 자연스레 공사 소음에 익숙해졌고 중장비 또한 자주 접하게 되었다. 허구한 날 굴삭기가 구멍을 뚫어대고 덤프트럭이 쌩쌩 달렸다. 내가 초등학교, 아니 국민학교에 입학하던 1996년 경기도 기준 여섯 살 여아의 평균 신장이 118.7센티미터다. 아마 나는 그보다 훨씬 더 작았을 것이다. 100센티미터는 되었을까? 그러니 2미터는 기본으로 넘어가는 중장비들이 얼마나 강렬하게 다가왔겠는가. 그때부터 거대한 것에 관심을 가지기 시작했다. 자꾸만 그것들이 주차된 곳을 흘깃거렸다. 너무너무 무서워하면서도 왠지 자꾸만 끌렸다. 여담이지만 나는 코즈믹 호러 장르˚도 좋아하는데, 이런 경험들이 지금까지 영향을 끼치고 있는 것 같다.

남동생과 함께 자라면서 나는 좀 더 색다른 '거대한 것'들을 접하게 되었다. 바로 공룡과 로봇. 공룡에 대한 애정은 뒤에서 실컷 얘기하기로 하고, 여기서는 거대로봇에 대한 사랑을 고백해보려 한다.

솔직히 말해볼까? 내가 거대로봇과 거대괴수를, 나아가 거대한 것들을 좋아하는 이유는 내 안에 잠재된 파괴충동 때문이다. 이딴 세상 다 부숴버렸으면. 이따위 세상 없애버렸으면. 내가 봤던 수없이 많은 거대로봇 애니메이션들은 항상 건물이 빽빽하게 들어찬 도시에서 상대 괴수와 전투를 벌였다. 〈울트라맨〉 같은 특촬물˚˚ 만 봐도 그렇고 〈후레쉬맨〉이나 〈마스크맨〉 〈바이오맨〉

---

˚ 소설가 H. P. 러브크래프트의 작품에서 비롯된, 인간의 머리로는 이해할 수 없는 거대한 우주적 존재로부터 느끼는 공포를 다루는 장르.

˚˚ 1966년부터 지금까지 일본의 츠부라야 프로덕션에서 제작하고 있는 인기 특촬물 시리즈. 주로 울트라 행성에서 온 외계인이 지구를 공격하는 괴수에 맞서 싸운다는 스토리라인을 따르고 있으며, 후반부에는 항상 거대해져 도시를 구현한 미니어처 위에서 괴수와 한판 싸움을 벌이는 것이 하나의 클리셰다.

같은 슈퍼전대물\* 역시 꼭 후반부에는 거대로봇을 타고 거대괴수와 싸운다.

그게 그렇게 좋았다. 무고한 이들은 안전한 장소에 피신해 있다는 전제하에 이뤄지는 도시 파괴 행위를 보고 느끼는 카타르시스. 다 죽어버려라. 물론 나까지 포함해서. 말하다 보니 내가 〈신세기 에반게리온〉을 좋아하는 이유까지 나와버리는 것 같은데… 여하튼 그런 이유로 거대로봇과 거대괴수가 벌이는 우당탕탕 한판 싸움을 좋아했고, 지금도 좋아한다. 영화 〈퍼시픽 림〉은 바이블처럼 매달 본다. 카이주 '레더백'과 '오타치'에 맞서기 위해 예거 세 대가 도열해 있는 장면을 볼 때마다 가슴이 웅장해진다(그 이후에 무슨 일이 벌어지는지는 생각하지 말자). 사실, 거대한 무언가가 지면에 서 있는 장면을 보기만 해도 가슴이 웅장해진다. 그리고 그것들이 무언가를 파괴하기 시작한다면… 말 그대로 참을 수 없다. 더 박살 났으면. 모든 것이 전부 회복 불가능할 정도로 망가졌으면.

이런 부정적인 감정이 기저에 깔려 있기에 〈절대무적 라이징

---

\* 마법소녀물로 유명한 토에이에서 1975년부터 제작해오고 있는 특촬 시리즈. 다섯 명의 팀으로 이루어진 히어로들이 각각 고유 컬러를 부여받고 활동하는 것이 특징이다. 〈울트라맨〉 시리즈와는 달리 에피소드 후반부에서는 히어로 팀이 거대로봇에 탑승하여 거대화한 괴수들과 싸운다. 〈울트라맨〉 시리즈, 〈가면라이더〉 시리즈와 더불어 일본의 3대 특촬물로 불린다.

오〉를 더욱 좋아했다. 1998년, MBC에서 〈로봇수사대 K캅스〉 후속작으로 방영했던 거대로봇물 〈절대무적 라이징오〉(이하 〈라이징오〉) 말이다. 여기에서는 적들이 이곳저곳에 뿌려둔 '악의 구슬(더빙판에서는 쟈크 구슬)'이 사람들의 "[            ]가 너무 싫어!"라는 마음을 먹고 자라나 괴수가 된다. 낙서가 싫다고 말하면 그 말을 들은 '악의 구슬'이 낙서 형태의 괴수가 되어 모두를 낙서로 만들어버리고, 어떤 춤을 추는 게 싫다고 하면 괴수가 된 '악의 구슬'은 모두가 그 춤을 출 수밖에 없는 광선을 쏘아댄다. 여기에서 오는 카타르시스가 있었다. '싫다'라는 부정적인 생각에 기반한 괴수가 등장하니 오히려 그 괴수가 박살 나는 장면을 맘 편히 볼 수 있었던 것이다. 내가 싫어하는 것으로 만들어진 괴수를 마음껏 박살 내는 상상도 했다. 양심의 가책 없이 있는 힘을 다해 후두려 팼다.

그렇게 '싫음'을 부수고 또 부수어가면서 〈라이징오〉 속 지구방위반 아이들은 성장한다. 이 만화를 봤던 아이들도 그렇게 성장했을 것이다. 나 역시 그렇게 성장했으니까. 어른이 되었다고 해서 싫다는 감정이 사라지는 건 아니었지만, 적어도 어떻게 대처해야 하는지는 어렴풋하게나마 알게 되었다. 왜 싫은지 한 번 더 생각해볼 수 있는 힘이 생겼다. 그래서 나는 〈라이징오〉만이

---

원제는 그대로 '절대무적 라이징오(絶対無敵ライジンオー).'

갖고 있는 그런 '극복' 서사가 눈물나게 좋다.

게다가 〈라이징오〉 속 세계에서는 여자아이인 나라도 '나만의 역할'을 부여받을 수 있었다. 로봇을 직접 조작하는 파일럿의 자리는 언감생심 바라지도 않았다. 1990년대에는 로봇을 조작하는 여자 캐릭터를 거의 찾아볼 수 없었으니까. 끽해야 〈황금로봇 골드런〉에서 토끼 모양 거대로봇을 조종하던 '샤랄라' 공주 정도일까? 그러나 샤랄라 공주는 주인공이 아니었고 그의 로봇 '우사린 MkⅡ' 역시 감초 역할로 간간히 등장할 뿐이었다.

〈라이징오〉의 지구방위반은 달랐다. 로봇을 조종하는 세 명의 파일럿 외에도 모든 아이에게 각각 관제나 분석, 모니터링, 시스템 관리, 오퍼레이터 등의 역할이 주어졌기에 누구 하나라도 빠지면 로봇이 원활히 출격할 수 없었다. 실제로 지구방위반 아이들끼리 서로 사이가 틀어지는 바람에 출동에 어려움을 겪는 에피소드도 있었고.

나 없으면 움직이지 않는 조직. 내가 없으면 원활히 돌아가지 못하는 곳. 나의 부재를 모두가 의식하는 장소. 그건 너무나 달콤한 환상이었다. 그때는 너무 어려 몰랐지만, 모든 것을 부수고 싶다는 은밀한 욕망은 사실 나의 존재를 인정받고 싶다는 욕망에서 비롯된 것이었다. 그랬기에 〈라이징오〉는 내게 더욱 특별한 의미로 다가왔다. 실상 모두에게 그렇지 않았을까? 실제로 〈라이징오〉가 방영될 때 한일 양국에서 이런 학교에 다니고 싶어 하는 어린이들이 속출했다니 말이다.

지금의 나는 그런 욕망이 내 안에 있다는 것을 안다. 그게 건강한 욕망이 아니라는 것을 알고, 어쩔 수 없으니 그런 욕망을 인정해야 한다는 것도 안다. 그리고 이제는 그렇게까지 모든 걸 부수고 싶지 않다. 괴수를 만들 만큼 강렬하게 무언가가 싫다는 마음을 품고 있지도 않다. 어린이들이 로봇을 조종하는 일 없이 그저 행복하게 무럭무럭 자라기만 했으면 좋겠다. 이렇게 말하니 조금 재미없네, 어른이라는 거. 하지만 나는 지금이 좋다. 잔잔한 물과 같은 지금 상태가 되기까지 정말 질풍노도의 시기를 겪었다. 더는 그런 시기를 겪고 싶지 않다.

이제 내가 〈라이징오〉 속 세계로 간다면 어떻게 될까? 아마 담임인 '동방 선생님'이나 양호 선생님인 '백설 선생님' 정도의 위치이지 않을까. 나는 이제 그 정도로만 한 발짝 물러나고 싶다. 미래를 짊어진 어린 세대들을 지지하고 응원해주고, 조언을 구하면 조언해주고 필요할 때에만 충고를 하는 그런 이상적인 어른으로 남고 싶다. 누구나 할 수 있는 일 아니냐고? 천만에. 그 무엇보다 어려운 일이다. 로봇을 타고 세상을 부수는 것보다 훨씬 더 어려운 일이라고, 생각한다.

# 나는 당근이 싫어요!

## 〈번개전사 그랑죠〉

〈번개전사 그랑죠〉(이하 〈그랑죠〉)\*의 주인공 '장민호'는 당근을 못 먹는다. 나도 당근을 못 먹는다. 나는 〈그랑죠〉를 원래도 좋아했지만, 민호가 당근을 싫어하는 장면을 보자마자 더더욱 사랑하게 되었다. 편식하는 주인공, 그것도 나랑 같은 음식을 편식하는 주인공은 여기서 처음 보았기 때문에.

나는 못 먹는 음식이 거의 없다. 남들이 기피하는 고수도 맘껏 추가해서 와구와구 먹는다. 낯선 이름의 향신채도 얼마든지 도전한다. 불에 구운 생선도, 물에 빠진 생선도 양껏 먹어치운다. 과

---

\* 원제는 '마동왕 그랑조트(魔動王グランゾート).' 나는 비디오판 〈번개전사 그랑죠〉로 처음 이 작품을 알게 되었지만, SBS에서 방영했던 〈번개전사 슈퍼 그랑죠〉로 기억하고 있는 사람들도 많을 것이다.

메기는 짝으로 사다 놓고서 먹고 싶다. 오이? 아삭아삭한 게 시원해서 좋아한다. 오이 비누에도 큰 유감이 없고. 콩송편? 먹는다. 민트초코? 앞서도 말했듯 나는 둘째가라면 서러울 민초단이다. 토마토? 토마토달걀볶음은 내 최애 요리다. 건포도? 건포도가 들어간 빵은 일부러 찾아서라도 먹는다. 딱히 알러지도 없다. 유당불내증이 있어도 식후에는 꼭 아이스 라떼를 마셔준다.

심지어 싫어한다고 말한 당근도 카레나 김밥에 들어간 것 같이 어느 정도 익힌 건 먹을 수 있다. 당근 케이크는 없어서 못 먹는다…. 그런데도 오로지 쌈채소에 곁들여 나오는 생당근을 못 먹는다는 이유로, 편식하는 '덜떨어진' 사람으로 몰리는 경우를 많이 겪었다…. 오히려 생당근을 제외하면 못 먹는 게 없어서 그럴지도 모르겠다.

'아, 내가 생당근을 싫어하는구나!'라고 확실히 알게 된 건 초등학교(국민학교) 시절 미술… 이 아니라 즐거운 생활이었나, 슬기로운 생활이었나… 아무튼 그런 수업 시간이었다. 집에서 각종 채소를 가져와 조각칼로 조각하고 이쑤시개 등을 꽂아 동물 모형을 만드는 활동을 했었는데, 예나 지금이나 손재주가 좋은 우리 엄마는 감자 등으로 뚝딱뚝딱 돼지를 한 마리 만들어 참고하라며 들려 보내주었다. 깨끗하게 씻어서 손질한 당근 한 뿌리와 함께. 그 당근은… 지금 생각해도 지나치게 컸다. 내 팔뚝만 했으니까.

엄마와 달리 손재주가 너무 없던 나는 한 시간, 혹은 두 시간 가까이 생당근과 씨름했다. 그리고 결국 아무것도 만들지 못한 채 돌아갔다. 그 생당근의 최후가 어떠했는지는 전혀 생각나지 않지만, 손톱 사이에 깊게 밴 당근 특유의 냄새와 당근에 대한 강렬한 혐오감만은 기억난다. 지금도 당근색이라 불리는 쨍한 주황색을 싫어한다. 컬러코드로는 #FE642E 정도일까.

그때쯤, 그러니까 1996년이나 1997년 즈음에 〈그랑죠〉를 보았다고 생각했는데, 찾아보니 내 기억과는 전혀 달랐다. 1990년대 초에 먼저 비디오로 발매되었고 1993~1994년에 당시 서울방송이었던 SBS가 '번개전사 슈퍼 그랑죠'라는 제목으로 방영했다고 한다. 무려 작품이 끝나고도 이 년이나 지난 뒤였는데도 우리는 여전히 〈그랑죠〉를 추억하며 놀았던 것이다. 뭐, 비디오 대여점이 워낙 성행하던 시기였으니까 그 후로도 꾸준히 비디오를 빌려 봤는지도 모르지. 단 하나 확실한 건 이 작품에 나를 포함한 그 시절 어린아이들의 마음에 팍 꽂히는 지점이 분명 있었고, 내 경우에는 그게 주인공 장민호의 당근 편식이었다는 것이다. 때로는 '무엇을 좋아하는가'보다 '무엇을 싫어하는가'가 더 큰 유대감을 쌓아준다는 사실을 나는 〈그랑죠〉로 알았다.

크면서 보니 편식하는 사람들은 주변에 많았다. 오히려 생당근을 못 먹는 건 아무것도 아닐 정도로. 딸기를 싫어하는 친구도 있고, 알러지가 있어 초콜릿을 못 먹는 친구도 있었다. 버섯을 너무너무 싫어한 나머지 버섯 그림조차 불쾌해하는 친구 두루미(가명)와 토끼(가명)도 있다. 그런가 하면 나와 같이 살고 있는 남편 H는 내가 본 사람들 중에 가장 입맛이 까다롭다. 김치는 겉절이

만 먹고, 생선은 날것만 먹고, 콩도 안 좋아하고 나물도 안 먹고 미역줄기볶음도 안 먹고 뭐…. 심지어 첫 데이트에서 달걀말이를 남기고 볶음밥에 들어 있는 콩을 하나하나 골라내는 기행을 보였다. 어디 사람뿐인가? 반려동물들도 편식하는 모습을 왕왕 보았다. 나와 십오 년을 함께했던 강아지 '깜돌이'야 가리는 것 없이 아무 사료나 잘 먹었지만(나처럼!), H네 고양이 '나나'는 고양이 별로 갈 때까지 오로지 '프로플랜'이라는 호주산 사료만 먹었다. 입이 엄청나게 짧아서 바깥에 십여 분만 미리 꺼내두어도 몇 년 묵은 사료마냥 절대 먹지 않았다. 프로플랜이 다 떨어져서 잠깐 길냥이들에게 주는 다른 사료를 줬더니 아예 굶어버려서 부랴부랴 급하게 사 왔을 정도였다. 아주 어릴 때 먹었던 아깽이용 사료만을 십칠 년 내내 먹었다니, 정말 그 고양이에 그 주인이라 할 수 있겠다. 본인이야 "나나에 비하면 나는 양반!"이라 주장하지만….

편식의 종류가 이처럼 다양하기 때문일까. 어쩌다 똑같은 음식을 싫어하는 이를 만나면 너무너무 반갑다! 나와 같은 걸 좋아하

그래서 우리 집에서는 그가 요리를 담당합니다. 다행히도 제법 하고, 누누히 이야기하지만 저는 생당근을 제외하면 입맛 자체가 까다롭지 않기 때문에! 모든 것을 맛있게 먹어줍니다(난 편식러가 아니야).

는 사람보다 나와 같은 걸 싫어하는 사람을 만나기가 더 힘들다. 우연찮게 당근, 그것도 생당근을 싫어하는 이를 만나면 대화는 끝없이 이어진다. 당근의 모양과 색, 냄새와 식감과 맛, 생당근과 익은 당근의 차이점에 대하여, 한동안 유행해서 유튜브 등지에서 자주 보였던 '당근 라페'라는 기만적인 음식에 대하여, 어릴 적 엄마가 끓여놨던 된장찌개에 주황색 당근 토막들이 둥둥 떠다녔던 기괴한 경험에 대하여 실컷 떠들다가 세상은 왜 이런 우리를 이해 못 하는지 성토하며 끝이 난다.

  요새는 편식에 대해 크게 뭐라고 하지 않는 분위기지만, 그럼에도 불구하고 '무언가를 못 먹는다'고 공개적으로 말하면 특이한 사람 취급을 받는다. 연예인들만 봐도 그렇다. (여자)아이들의 멤버 전소연은 야채를 거의 먹지 않는다. 야채를 너무 싫어한 나머지 〈시골요리 대작전〉이라는 웹 콘텐츠에서 김치 없는 김치볶음밥을 만드는 신공을 보여주기도 했다. 방탄소년단의 뷔는 콩과 팥을 전부 싫어해 된장찌개마저도 먹지 않는다고 했다. 하지만 그들이 자신의 식성을 밝혔을 때 쏟아지는 말들을 보면 걱정보다도 한심하다며 힐난하고 비꼬는 반응이 더 많다. 그들은

---

왜 기만이냐면 보통 '당근을 못 먹는 사람도 좋아하는'이라는 수식어를 달고 있기 때문이다. 저어언혀 그렇지 않다. 그리고 당근 케이크와 달리 당근 라페는 익힌 당근으로 만드는 음식이 아니다!

하나같이 말한다. '지나친 편식은 건강에 좋지 않다'고.

편식이 그렇게 나쁜가 싶어 찾아보았다. 실제로 편식은 체중 저하나 영양 불균형뿐 아니라 회피적 음식 섭취 장애로 이어지기 쉬우며, 신체 발달이 더뎌져 정서적으로 위축되거나 우울증, 주의력결핍장애(ADHD) 등이 일어날 수도 있다고 한다. 음, 뭔가 비약이 너무 심한 것 같은데…. 일반적으로 우리가 편식이라고 칭하는 경우와는 조금 다른 것 같아 다른 기사도 찾아보니, 편식에 대해 연구한 영국 포츠머스대학 연구진은 편식의 기준을 "평생 먹는 음식 종류가 20여 가지 미만인 경우"로 정의했다고 한다. 확실히 이 기준에 따르면 나는 편식을 하지 않는다고 봐도 된다. 그렇지만 생당근만 만나면 한없이 작아진다. 이 세상 모든 음식을 다 먹는 사람은 사실 존재하지 않을 텐데 말이다.

당연히 지나친 편식이 건강에 좋을 리 없다. 하지만 대부분의 편식은 단순히 '좋다' '나쁘다'를 따질 만큼 심각한 문제는 아니라고 생각한다. 오이나 당근을 안 먹는다고 우리 몸에 큰일이 벌어지는 건 아니니까. 본인 스스로 편식을 극복하고 싶어지면 그때 천천히 도전해보도록 도와주는 게 더 좋잖아? H가 원래 안 먹던

---

* 〈편식하는 아이, 우울증 위험 높다〉, 《헬스조선》, 2015. 8. 4. (https://m.health.chosun.com/svc/news_view.html?contid=2015080401236&ref=no_ref)
** 〈오른쪽이 더 맛없을 거 같다고요? 당신은 편식하는 사람이군요!〉, 《경향신문》, 2022. 12. 4. (https://www.khan.co.kr/science/science-general/article/202212042152025)

달걀과 콩을 먹게 되었듯이, 내가 무밥이나 콩나물밥을 먹게 되었듯이.¹

이쯤에서 누군가 이렇게 말할 수 있다. "〈번개전사 그랑죠〉 이야기를 해야 하는데 왜 편식 이야기를 하죠?" 그건 〈그랑죠〉에서 당근을 빼면 할 수 있는 얘기가 별로 없기 때문입니다. 당장 〈그랑죠〉에는 '당근송'이 있다고요. 등장인물 '구리구리'가 부르는 당근 찬양가(?)인데, 2000년대 초중반을 살아가던 오타쿠 여자아이들(!)이 노래방에서 귀여움을 어필하고 싶을 때 선곡하는 노래 중 하나였다. 십 대 시절 나는 당근은 싫어해도 귀여움을 받기 위해서라면 '당근송'을 부를 수 있는 아이였다…. 그래도 슬슬 다른 얘기를 해야 할 것 같다. 살면서 당근 얘기를 이렇게나 많이 했던 적이 없다. 그래서인지 사실 어디선가 자꾸 당근 냄새가 나는 것 같아서… 조금 괴로워졌다…. (내가 당근을 얼마나 싫어하는지 알 수 있겠죠?)

사실 〈그랑죠〉는 굉장히 대단한 작품이다. 1989년에 처음 방영

---

1  원래 쌀에 잡곡류 외에 다른 것들을 넣어 지은 밥을 극도로 싫어했습니다. 거기에 학창 시절 급식을 먹으며 생긴 트라우마까지 더해져서 절대 먹지 않았는데, 나이 들면서 오히려 좋아하게 되었습니다.

한 작품(나랑 동갑!)이니까 어느덧 방영된 지 삼십 년 넘게 지난 셈인데 여전히 회자되고 있으니. 특히 가장 인상 깊은 장면은 뭐니 뭐니 해도 그랑죠 소환 신이 아닐까! 이 소환 신의 연출진들부터가 굉장한 베테랑이다. 일단 〈신세기 GPX 사이버 포뮬러〉 시리즈와 〈기동전사 건담 SEED〉와 〈기동전사 건담 SEED DESTINY〉 시리즈를 연출한 후쿠다 미츠오 감독의 손길이 닿은 장면이다. 작화진에는 아시다 토요의 이름도 올라 있다. 그 역시 애니메이션계의 거장으로 이 책에도 나오는 〈시간탐험대〉와 〈세느강의 별〉은 물론, 〈이겨라! 승리호〉와 〈요술공주 밍키〉의 작화를 담당했다. 음악감독은 다나카 코헤이다. 그 역시 여기서 다룬 〈절대무적 라이징오〉와 〈사자왕 가오가이거〉 〈원피스〉 애니메이션, 그리고 여기서는 다루지 않지만 내가 보고 자랐던 슈퍼전대 시리즈 중 〈바이오맨〉과 〈후레쉬맨〉 〈마스크맨〉의 노래를 전부 만들었다고 하니… 이 정도 인력들이 뭉쳤다면 감히 최정예부대라고 불러도 되지 않을까? 당연히 아이들이 좋아할 수밖에 없지.

우리나라에서는 만화영화 〈마신영웅전 와타루(魔神英雄伝ワタル)〉에 밀린 '비운의 작품'이라 알려져 있는데, 사실 그렇게 부르기에는 애매하다. 두 작품의 제작진이 거의 같기 때문이다. 〈마신영웅전 와타루〉와 〈번개전사 그랑죠〉 둘 다 이우치 슈지가 총감독을 맡았고, 캐릭터 디자이너와 편집, 미술 감독, 촬영 감독, 음향 감독까지 똑같은 인물들이 담당했다. 〈와타루〉가 성공적으로 방영된 후 그 후속작으로 〈그랑죠〉를 제작했는데, 완구 판매량이 〈와타루〉보다 적어서 조기 종영한 뒤 〈와타루〉의 후속 시리

즈를 만든 것이라고 한다. 이 사실이 인터넷상에서 와전되어 망했다는 오명을 쓴 것 같다. 우리나라에도 〈와타루〉가 들어오지 않았던 것은 아닌데 〈슈퍼 씽씽캅〉이라는 이름 때문인지(…) 〈그랑죠〉만큼 인기를 끌지는 못했다. 〈세일러 문〉과 〈웨딩피치〉의 관계랑 비슷했다고나 할까? 〈세일러 문〉의 아류작인 〈웨딩피치〉가 국내에 먼저 들어와 인기를 얻었던 것처럼, 〈그랑죠〉 역시 〈와타루〉보다 먼저 소개되어 큰 반향을 일으켰던 것이다. 차이가 있다면 후일 소개된 〈세일러 문〉은 〈웨딩피치〉보다 더 크게 히트했지만 〈와타루〉는 그러지 못했다는 점 정도랄까. 여하튼 〈그랑죠〉는 일본 내에서도 나름 인기 있는 작품이다. 그 인기가 기대에 미치지 못했을 뿐이지.

뭐, 이러니저러니 해도 〈그랑죠〉는 내게 다른 의미로도 특별하다. 당근을 편식해도 주인공이 될 수 있다는 걸 알려준 작품이라는 점에서. 결점이 한두 개 있다고 해서 우리가 우리 삶에서 주인공 자리를 박탈당할 수는 없다. 그 결점을 지닌 채로 계속 살아가는 것이다. 완벽한 인생이 없듯이 완벽한 주인공도 없다. 우리는 삶에 있어서 모든 결정을 공평하고 완벽하게 내리면서 살아갈 수는 없지만, 그럼에도 여전히 우리 삶의 주인공이다. 우리가 보기에 편향된 삶을 살고 있는 것 같은 사람들도 역시 그들의 삶에서는 주인공이듯 말이다. 아무리 올바르게 살아가려 애써도 누군가는 우리가 잘못 살고 있다고 말할 것이다.

그러니 당당해지자. 가슴을 펴고 당당하게 "나는 당근이 싫어요!"라고 말해보자. 못 먹는 음식을 억지로 먹으려고 애쓰지 말자. 마지막 화에서 민호는 지구로 돌아가는 우주 여객선의 기내식으로 나온 당근을 먹었지만, 나는 어린이 만화영화 속 주인공이 아니기에 영원히 당근을 골라내며 살 수 있다. 당근을 싫어하는 자신을 숨기지 않아도 되고, 당근을 좋아하는 척하지 않아도 된다. 이 얼마나 다행인가!

# 피구는 아무 잘못이 없다

## 〈피구왕 통키〉

2023년 1월 4일, 마침내 국내에 〈더 퍼스트 슬램덩크〉가 개봉했다. 그동안 〈슬램덩크〉를 잊고 살았던 많은 이가 눈물 흘리며 회개했고, 〈슬램덩크〉라는 장르를 몰랐던 이들은 뒤늦게 완전판을 구매하며 과거의 유산을 파헤치고 있다. 나는 어땠냐고? 물론 나도 〈슬램덩크〉를 좋아했다. SBS에서 1998년부터 1999년까지 방영한 애니메이션도 띄엄띄엄 보긴 했지만 어쨌든 봤다. 명절 때 큰집에 놀러가서 사촌 오빠가 사 모으던 만화책도 봤다. 다만 사촌 오빠는 역시 덕후(!)가 아니었는지 만화책을 매우 듬성듬성 샀다. 1권과 2권 다음에 갑자기 3권을 건너뛰고 4권이 있고, 4권 다음에는 또 갑자기 9권이 있고 그런 식이었다. 누굴 빌려주었거나 아니면 마음에 드는 권만 샀거나, 뭐 그랬을 것이다. 여하튼 나도 정말 좋아했다, 〈슬램덩크〉. (준호 선배 정말 좋아해요!)

도입부에 이렇게까지 길게 써놓고 할 말은 아니지만, 여기서 농구 이야기를 하진 않을 것이다. 사실 〈슬램덩크〉의 추억에 젖기에 나는 너무 어리다. 그걸 보고 이해하여 불타오르기에는 그때의 내가 너무 어렸다는 뜻이다. 〈슬램덩크〉를 만화책으로 보며 진심으로 불타오르던 세대, 그 이후 KBL과 〈마지막 승부〉까지 챙겨 보며 농구를 배우고 싶어 했던 세대는 딱 1980년대 중반생까지인 것 같다. 내 바로 앞에서 끊기는 셈이다.

오히려 나를 포함한 1980년대 후반생과 1990년대 초중반생을 끓어오르게 했던 스포츠, 우리가 진심으로 임했던 스포츠는 따로 있었다. 바로 피구다. 그리고 그건 전적으로 〈피구왕 통키〉가 이룬 업적이다. 체육시간에 피구를 할 때마다 아이들은 저마다 "불꽃, 슛-!!!(꼭 이렇게 끊어 말해야 한다!!!)"을 외치며 겉멋 어린 포즈로 공을 던져댔다. 문방구 처마에 걸린 그물에는 언제나 노란색 바탕에 불꽃 무늬가 그려진 피구공(혹은 배구공)이 가득 담겨 있었다. 그 공을 사지 못한 애들은 수성 사인펜으로 정성스레 불꽃을 그렸다. 불꽃 그림은 땀에 젖어 금방 번져버리곤 했다. 모르긴 몰라도, 피구가 체육시간에 으레 하는 스포츠로 자리 잡은 건 그때부터 아니었을까?

〈피구왕 통키〉의 원제는 '불꽃의 투구아 돗지 단페이(炎の鬪球児 ドッジ弾平)'다. '돗지 단페이'라는 다소 생소한 이름이 '통키'의 본명이다. 통키라는 단어는 대체 어디서 불쑥 튀어나온 건지 알 수 없다. 처음에는 미국판에서 따온 이름인가 했는데, 찾아보니 미국에서 방영할 때는 'Dodge Danpei'라는 이름을 그대로 썼단다. 그래서 이번엔 사전을 검색해보았는데, '세게 때리다'라는 뜻을 가진 'Tonk'라는 단어가 있었다. 여기다 'y'를 붙여서 '통키'라는

이름을 만든 걸까? 누가 생각해낸 건진 몰라도 꽤 그럴싸하다.

일본에서는 초등학생들이 〈피구왕 통키〉에 크게 열광하여 일대 피구 붐이 일었다고 한다. 이는 우리나라에서도 마찬가지였는데, 인기가 너무 많은 나머지 무려 세 번이나(!) 방영되었다고 한다. 첫 방영은 1992년, 당시 서울방송이라는 이름으로 갓 개국했던 SBS에서 했는데 가히 폭발적인 반응을 얻었다고 한다. 소문을 듣자 하니 신생 방송국이었던 SBS의 시청률이 KBS와 MBC를 능가했으며, 국민학생들이 다니던 학원에서는 아예 〈피구왕 통키〉를 방영 시간을 감안하고 시간표를 짰다나 뭐라나. 마찬가지로 일본과 한국에서 모두 바둑 붐을 일으켰던 〈고스트 바둑왕〉의 인기가 떠오르는 대목이다.

그치만 나는 1992년에는 어린이집에 들어갈락 말락 하던 아기였으므로 첫 방영 당시의 열기를 체감한 적은 없다. 〈피구왕 통키〉는 이후 1994년과 1997년에 재방영되었는데, 아마 내가 본 것은 1994년도에 재방영된 버전이 아닐까 싶다. 1992년생 남동생과 TV 앞에 앉아서 같이 본 기억이 있으니. 1997년에 방영될 때도 〈피구왕 통키〉의 열기는 식지 않아서, 에버랜드는 북극곰을 들여오며 이름을 '통키'로 짓기도 했다.

〈피구왕 통키〉는 나를 비롯하여 그때 국민학교~초등학교를 다녔던 이들에게 강렬한 인상을 남겼다. 공에 인쇄된, 혹은 그려진 불꽃 그림에 손가락을 하나하나 얹으며 불꽃 슛을 던질 준비를 하던 우리. 하지만 어른이 되어 보니 생각보다 피구를 싫어했던 사람들이 많아서, 그것도 특히 여자들이 그래서 깜짝 놀랐다. 싫어한다기보단 애증에 가깝달까? 물론 〈피구왕 통키〉는 매우 인기가 있었다. 그러나 그것도 저학년 때까지였다. 초등학교 고학년쯤 되면 대부분 남성이었던 체육 선생들은 남자애들과 어울려 농구와 축구 등을 하느라 여자애들은 안중에도 없었다. 그렇게 "너넨 알아서 해"라는 말과 함께 거의 방치되다시피 했던 여자애들이 고육지책으로 했던 운동이 피구였다. 피할 피(避) 자에 공 구(球) 자를 쓰는 이름 때문일까, 수동적으로 피하기만 하는 운동이라며 부정적인 시선으로 다뤄지는 경우가 많다. 그래도 피구, 나는 정말 좋아했는데… 적어도 내가 기억하는 피구는 그저 피하기만 하는 운동이 절대 아니야… 적어도 나는 진심이었다고….

그러나 통키는 너무나도 열악한 환경 속에 살다가 2018년, 북극곰의 생활환경에 맞는 사육장이 있는 영국의 요크셔 야생 공원으로 보내지기 직전에 숨을 거두었다.

하지만 사실 나뿐만 아니라 내 주변 모든 여자애가 그랬다. 몸에 공이 닿는 것을 두려워하던 여자아이들이 적극적으로 나서며 공을 이쪽으로 달라고 소리치고, 내가 던지겠다고 나서고, 땅에 닿아 튀어 오르는 공을 잡겠다며 달려들었다. 공에 세게 맞아서 울던 여자애들도 곧 진정하고 다시 게임에 뛰어들었다. 평소에는 존재감 없던 아이들이 날쌔게 공을 피하다가 결국 영웅이 되는 모습도 볼 수 있었다.

딱 한 번, 정말 피하는 것에만 중점을 둔 피구를 했던 적이 있다. 체육선생님이 제안한 '짝짓기 피구'라는 이름부터 요상한 혼성 스포츠였다. 지금 찾아보니 '짝 피구'라는 이름으로 알려져 있는 듯하다. 남녀가 각자 짝을 지어 2인 1조로 움직이는데, 여자애는 남자애 뒤에 숨어서 공을 피하고 남자애는 여자애를 지키기 위해 온 힘을 다해야 했다. 둘 중 한 명이라도 공에 맞으면 아웃. 맹세하건대, 그건 내가 머리털 난 뒤로 해왔던 모든 피구 중에 가장 재미없었다. 이상했다. 분명 피구는 공을 피하는 놀이 운동인데, 피하기만 하는 건 너무나도 재미가 없었다. "던져! 던져!" "맞혀! 맞혀!" "죽여! 죽여!" "나 줘! 나 줘!" 소리를 지르고 악다구니를 쓰며 몸을 굴려야 훨씬 더 재미있었다.

반대로 태어나서 했던 중 가장 재밌었던 피구도 있다. 초등학교 3학년의 어느 수요일이었던 것 같다. 학교가 끝난 뒤에 무려 세 시간 동안이나 운동장에서 피구를 하며 놀았다. 나까지 여자애 셋에 남자애 둘. 다섯이서 놀기 시작했는데 어쩌다 피구를 하게 되었는지는 전혀 기억나지 않는다. 그저 있는 힘껏 공을 던졌고, 모래를 흩뿌리며 공을 피했고, 바닥에 구르면서 공을 받았고 또 이를 악물고서 던졌던 기억밖엔 없다. 다섯 명이라 제멋대로 룰을 세워서 놀던 중, 우리 반 반장이 마침 늦게 하교하는 모습을 보고 바로 합류시켰다. 우리가 꼬드기자 냅다 책가방을 벗어버리고는 바로 공을 잡아 던지던 그 모습이 눈에 선하다. 세 시간이나 했다고 또렷하게 기억하는 이유는, 우리 동네에 오후 세 시마다 오는 순대 트럭에서 "순대 사세요- 순대-" 하는 소리를 듣고 파했기 때문이다. 어찌나 재미있었는지 그날 일을 일기에까지 썼더랬다.

근데 이랬던 피구가, 대체 왜 체육시간에 여자아이들만 하는 수동적인 스포츠로 자리 잡게 된 걸까? 앞서 말한 〈슬램덩크〉에서 다루는 농구나 여타 다른 만화영화들로 접한 축구, 야구 등은 남자아이들의 전유물이 되었는데, 왜 〈피구왕 통키〉의 피구는 여자아이들의 것, 그것도 우리가 스스로 쟁취한 스포츠가 아니라 우리에게 '주어지는' 스포츠가 된 걸까? 그건 누구를 위한 일일까? 여자아이들은 정말 '수동적인' 피구를 원하는가? 그리고 여자아이들은 정말 피구를 싫어할까? 누가 여자아이들에게 피구를 빼앗아 간 걸까. 다시 한번 생각해볼 일이다.

# 언젠가 나에게도
# 공룡 친구가 생길지 몰라
〈공룡대행진〉과 〈사우르스 팡팡〉

"이모가 뭐 그려줄까?"

친애하는 E 언니의 딸 S에게 물었더니 곧장 대답이 돌아왔다.

"이모 무지개색 티라노 그려줘."

나는 대강 데포르메하여 그린 티라노사우르스를 빨간색으로 칠하면서 생각했다.

'음. 역시 내 가설이 맞았어!'

그러니까 내 가설이란, 모든 아이는 이른바 '공룡기'를 거친다는 것이다. 인생의 어느 순간에 접어들면 갑자기 공룡의 포로가 된다. 온갖 공룡 물품을 수집하고, 공룡 관련 영상만을 보며, 공룡 이름을 줄줄 꿰고 다닌다. 흔히 남자아이들이나 공룡을 좋아한다고 생각하지만 그렇지 않다. 나만 봐도 그렇다. 그리고 여기 있는 S를 보시라. 참고로 공룡기라는 것은 내가 멋대로 붙인 이름이다. 공룡기가 지나면 자동차기, 로봇기, 포켓몬기(!), 공주기, 마법소녀기 등등이 따라온다. 아이의 성향에 따라 이 모든 것이

전부 올 수도 있고 몇 개는 빠질 수도 있지만, 적어도 하나는 꼭 온다는 것이 이 가설의 최종 결론(?)이다.

여하간 모든 아이는 공룡을 사랑하는 시기를 거친다. 그렇게 생각하게 된 이유는 나와 내 남동생이 그랬기 때문이다. 어렸을 때는 우리 남매만 유난히 공룡을 좋아한 줄 알았는데, 그게 아니었다. 크고 보니 친구들이 낳은 아이들이 공룡 이름을 줄줄 꿰고 있는 것이었다. 여자애 남자애 할 것 없이. 그때 비로소 내 생각에 확신을 가졌다. '공룡기는 있다!'

어린이 콘텐츠에는 유난히 공룡을 친숙하게 내세우는 창작물들이 많다. 당장 우리나라만 해도 〈아기공룡 둘리〉가 있다. 내가 기억하는 가장 오래된 공룡물은 〈아기공룡 덴버〉고, 그 스티븐 스필버그 감독의 〈쥬라기 공원〉과 그에 맞붙었다가 처참하게 실패한(…) 그러나 나는 정말 좋아했던 〈영구와 공룡 쭈쭈〉도 있다. 요즘 애들이 좋아할 만한 작품이라면 〈고 녀석 맛나겠다〉 시리즈가 있을까? 〈뽀롱뽀롱 뽀로로〉에 나오는 '크롱'도 아가 공룡이다. 왜 어린이들은 공룡을 좋아할까? 왜 나는 공룡을 좋아했을까?

내 경우를 들어 답변하자면 먼저 〈공룡대행진〉과 〈사우르스 팡팡〉, 이 두 만화영화에 대해 이야기해야 한다. 이 작품들은 영화 〈쥬라기 공원〉만큼이나 내 공룡 사랑에 불을 붙였다. 재밌게도 하나는 미국에서 제작되어 자막판을 비디오로 빌려 보았고, 다른 하나는 일본에서 만들었지만 국내에 방영된 더빙판(KBS 2TV!)으로 보았단 차이가 있다.

먼저 〈공룡대행진〉 이야기를 해보자. 이 애니메이션에 대해 아는 사람들이 거의 없을 것 같으니 먼저 간략히 소개해보겠다. 1993년 11월에 미국에서 개봉한 이 작품의 원제는 '우리가 돌아왔다! 공룡 이야기(We're Back! A Dinosaur's Story).' 허드슨 탤벗이라는 작가가 쓴 동명의 아동문학을 원작으로 한다. 그해 6월에 개봉해서 대박을 터트린 〈쥬라기 공원〉 특수를 톡톡히 노려볼 셈이었을지도. 하지만 생각보다 흥행하지 못한 채 모두의 기억에서 잊혔다는 듯하다. 그런데 이게 우리나라에 자막이 달린 비디오로 출시되었고, 그 비디오가 눈에 불을 켜고 공룡 만화만 찾아대던 우리 눈에 우연히 들어온 것이다.

내용은 약간 〈아기공룡 둘리〉랑 비슷하다. 줄거리를 전부 늘어놓으면 재미없으니 최대한 간략하게 설명해볼까. '뉴아이즈'라는 과학자가 과거의 공룡들에게 지성을 부여한 뒤 미래로 데려와 그들을 박물관에 전시할 계획을 세운다. 그러나 그 과정에서 이러저러한 문제가 생겨 공룡들은 길을 잃고 헤매게 되는데, 그러다 떠돌이 소년 '루이'와 행복하지 않은 부잣집 소녀 '세실'과 만나 우정을 나누게 된다. 이런 류의 만화영화가 그러하듯 여러 시련이 그들을 기다리고 있지만, 결국 모든 것이 잘 해결되어 공룡들은 공룡들만의 문명세계를 꾸리게 된다. 뒤에 등장할 〈공룡시대〉와 비슷하면서도 매우 다른 작품으로, 유려한 애니메이션이 특징이다. 특히 추수감사절 퍼레이드에서 공룡 네 마리가 행진하는 장면이 백미인데, 한국판은 바로 여기서 착안하여 〈공룡대행진〉이라는 제목을 붙인 게 아닌가 싶다.

작중 루이와 세실은 공룡들과 전부 언어로 소통한다. 이게 그 당시의 내겐 충격이었다. 〈공룡시대〉처럼 공룡들이 자기들끼리만 커뮤니케이션하는 것도 아니고, 〈쥬라기 공원〉처럼 아예 인간과 교류하지 못하는 것도 아니었으니까. 이 설정이 나에게 얼마나 큰 영향을 끼쳤는지 알고 싶다면 그때의 내가 미래과학글짓기 대회에 써서 제출한 글을 보면 된다. 나는 미래에는 공룡의 유전자와 인간의 유전자를 결합시키는 기술이 생길 것이며, 그렇게 되면 인간의 형태를 비슷하게 지니면서도 어느 정도 지성을 갖추고 언어적 소통도 가능한 공룡 종족을 탄생시킬 수 있을 거라는, 지금 보면 무지막지하게 매드 사이언티스트스러운 글을 제출해서 금상을 받았다. 그렇다, 〈공룡대행진〉과 〈쥬라기 공원〉을 섞어놓은 내용이다…. 그 정도로 이 아이디어에 골몰해 있었던 듯하다.

그리고 〈사우르스 팡팡〉이 있었다. 이 작품은 무려 이세계 전이물이다! 물론 그 당시에도 이세계로 넘어가는 작품들은 꽤 많았다. 우리 엄마가 무척 좋아했던 〈이상한 나라의 폴〉부터 앞서 언급했던 〈마법기사 레이어스〉, 그리고 〈에스카플로네〉 등등… 〈오즈의 마법사〉도 이세계 전이물이라고 할 수 있을까? 그렇지만 열다섯 명이라는 대인원이 이세계로 떨어지는 건 이 만화가 처음이었다. 그 이유가 소설 『15소년 표류기』를 모티브로 삼았기 때문이라는 사실은 이번에 처음 알았다. 뭐, 〈사우르스 팡팡〉 하나만으로 할 얘기는 무궁무진하지만 중요한 건 그게 아니니 생략하자.

중요한 건 〈사우르스 팡팡〉에 등장하는 '보이스사우르스'라는 공룡 종족이다. 해양소년단 주인공들이 가게 된 이세계 '노아'는 공룡과 함께 살아가는 곳이다. 그러나 평화롭게 공존하는 형태는 아니고, 인간이 공룡을 일방적으로 지배하고 있다. 대부분의 공룡은 가축처럼 다뤄지며 말도 하지 못하지만, 보이스사우르스들은 말을 할 수 있다. 이들이 작품 내내 핵심적인 존재로 등장한다. 당장 국내판 제목인 〈사우르스 팡팡〉의 '팡팡'도 보이스사우르스다. 주인공들이 이 팡팡과 만나며 모든 이야기가 시작된다. 특히 팡팡은 열다섯 명의 인물 중 '애룡이(공룡을 얼마나 사랑하는지 이름도 애룡愛龍이다. 물론 국내판에서만 그렇습니다)'와 가장 끈끈한 우정을 쌓는다. 마지막 화에서 둘의 우정은 화룡점정을 찍는데, 헤어지기 직전에 익룡인 팡팡은 애룡이를 태우고 그동안 정든 쥬라기 왕국을 한 바퀴 돈다. 정말 눈물 없이 볼 수 없는 장면이다.

이 두 작품을 보면서 나는 공룡이 내 친구가 되어주고 나를 지켜줄 것이라는 꿈을 꾸었다. 그게 바로 내가 공룡을 좋아했던 이유다. 물론 현실의 공룡은 그러지 않을 거란 사실을 〈쥬라기 공원〉이 다양한 사례(?)로 보여주긴 했지만. 상상 속에서는 뭐든지 가능하니까. 꿈은 내 맘대로 꿀 수 있으니까.

역시나 어릴 적 나는 외로웠던 것 같다. 〈요술소녀〉에도 썼지만 난 언제나 온전한 이해자를 찾고 있었는데, 이 유별난 공룡 사랑도 그 이해자를 찾는 여정 중 하나였던 듯하다. 근데 이제 인간을 벗어난 무언가를 곁들인. 오히려 인간이 아니기에 더욱 듬직하고 나를 배신하지 않을 존재. 이것이 거대로봇에 대한 애정과도 연결되어 있는 게 아닌가 싶다. 내 말만 따르므로 절대로 나를 거역하지 않을, 내가 세계를 멸망시키라고 해도 그 말에 따라줄, 무지막지한 힘을 가진 거대한 무언가.

하지만 이런 애정도 비늘로 뒤덮인 공룡에 한정된 것인가 보다. 요새는 '깃털 달린 공룡' 가설이 대세다. 실제 공룡들은 여러 미디어에서 재현했듯이 파충류의 비늘이 돋아 있는 게 아니라, 지금의 새처럼 깃털이 달려 있었을 거라는. 새가 공룡의 진짜 후손이라는 이론도 예전에 비해 제법 정착한 추세다. 그렇지만 깃털 달린 공룡 재현도는 뭔가… 소위 '간지'라는 게 나지 않아서인지 그다지 인기가 없다. 조카들이 좋아하는 공룡은 전부 우리가 흔히 아는 '그 공룡'의 모습을 하고 있다. 나 역시 공룡을 좋아하는 것치고 그 후손인 새와는 그리 가깝지 않다. 어릴 때 딱 한 번, 아빠가 어디서 사랑앵무 두 마리를 얻어 와 잠깐 키운 적이 있다. 그러나 나는 그 새들이 무서웠다.

지금은, 새를 보는 건 좋아한다. 나이가 들어갈수록 탐조에 대한 열망이 생긴다. 하지만 그건 공룡을 바라보고 싶어 하는 것과는 다르다. 새는 새고 공룡은 공룡이니까. 내가 공룡을 향해 품었던 열망을 새로 충족시킬 순 없다. 물론 공룡으로도 채울 수 없다. 왜냐하면 그건 오직 나만이 해결할 수 있는 문제, 어쩌면 영원히 해결할 수 없는 문제이기 때문이다. 그저 극복해 나가야 하는 것인지도 모른다. 극복하는 과정을 견디는 일이야말로 진정한 어른에의 길이니까. 나는 이제 이 사실을 아는 어른이 되었고, 그러니까 이제 공룡 친구는 없어도 된다고, 그렇게 생각한다.

그래도 또 모르지. 어느 날 갑자기 내 앞에, 나의 말을 아주 잘 들어주는 공룡 친구가 한 마리 나타날 수도 있지 않은가. 세상만사 단언할 수 있는 것은 하나도 없기에 나는 이 또한 단언하지 않으련다. 기왕 나타날 거라면 내가 더 나이들기 전에 나타나주기만을 바랄 뿐!

# 공을 차는 공주는 어디든지 간다
〈쥬라기 월드컵〉

언제부턴가 내 주변 여성들이 풋살을 배우기 시작했다. 그 수가 생각보다 꽤 많았다. 2021년 2월 파일럿 방영을 시작하여 2024년 하반기 기준으로 시즌 6을 방영 중인 〈골 때리는 그녀들〉의 영향도 어느 정도 있었겠지만, 왜 배우게 되었느냐고 물어보면 대부분 이유는 단순했다.

나랑 카풀을 하는 직장 동료 S는 이렇게 답했다.

"주변에 누가 하길래, 재미있을 것 같아서. 그리고 역시 팀 스포츠는 한번 해보고 싶잖아."

나의 친애하는 '덕질 메이트' C 씨는 이렇게 답했다.

"즐거워 보이고, 유산소 운동도 될 것 같고. 사람들이랑 끈끈해질 수 있는 것도 좋아 보여서."

그 말을 들으니 나도 풋살을 해보고 싶어졌다. 많은 여성이 그러하듯이 나 또한 삼십 대에 접어들면서 뒤늦게 운동의 재미를 깨닫게 되었다. 하지만 요가나 필라테스, 러닝, 웨이트 등 거의 혼자서 움직이는 운동만 해왔기에 팀으로서의 유대감을 접할 기회가 아예 없었다. 팀을 짜서 운동하며 즐거움을 느꼈던 경험이라곤 앞서 〈피구왕 통키〉에서 소개했던 초등학생 때의 일화가 전부고. 여기서 "그래서 나도 풋살 팀에 들어갔다!"로 이어지면 매우 좋겠지만, 안타깝게도 그렇게 되진 않는다. 풋살은 인원이 정해져 있는 스포츠기에 아무 때나 팀에 들어갈 수는 없다…. 하지만 여전히 나는 풋살로 대표되는 팀 스포츠에 환상을 품고 있다. 서로 눈을 맞추는 그 짧은 순간에 파트너가 무엇을 하려고 하는지 이해하고, 마침내 서로 합이 맞아떨어지는 그때에 느껴지는 그 쾌감, 다시 한번 확인하는 둘 사이의 끈끈한 관계! 물론 팀 또한 사람들로 이루어진 조직이기에 언제나 유쾌한 일만 있지는 않겠지만… 그럼에도 불구하고, 가족이나 연인 관계가 아닌데도 교감할 수 있는 사람을 만난다는 건 얼마나 대단한 일인지.

〈쥐라기 월드컵〉은 내게 팀 스포츠의 '뜨거움'을 알려준 만화영화다. 일본 내에서는 그다지 인기를 끌지 못했다는데, 비슷한 경우로 언급했던 〈꾸러기 수비대〉나 〈웨딩피치〉 등과는 차원이 다를 정도로(!) 마이너하다는 모양이다. 잠깐 찾아보니까 방영 시간이 일정치 않았으며, 그나마 고정된 시간대가 일요일 새벽 다

---

원제는 '드래곤 리그(ドラゴンリーグ)'란다. 개인적으로는 작중에 여러 공룡들이 등장하기 때문에 한국판 제목이 훨씬 더 마음에 든다!

섯 시(…)였다는 모양이다. 그나마 우리나라에서는 저녁 여섯 시라는 황금시간대에, 그것도 가장 세련된 만화를 틀어주는 KBS 2TV에서 방영했으니 사정이 좀 더 나았다고 볼 수 있다.

〈쥬라기 월드컵〉은 열혈 스포츠물의 정석적인 구도를 그대로 따른다고 해도 과언이 아니다. 조금 멍청하지만 축구에는 진심인 주인공 '돌발이(토키오)'와 그에게만 일편단심인 소꿉친구 '팜', 그리고 처음에는 적으로 등장하지만 후일 진정한 동료가 되는 '야크(카즈)', 나약하고 소심했지만 후반부에 이르러서는 진정한 성장을 이뤄내는 '티코(테코돈트)'. 어디선가 많이 본 구도가 아닌가? 이 '어디선가 많이 본 구도'가 사실 매우 중요하다. 이 만화가 우리나라에서 큰 인기를 끌었던 요인 중 하나니까. 하지만 내가 이 만화를 정말로 좋아했던 이유는 따로 있다. 바로 '위너 공주'다.

위너 공주는 작중 배경이 되는 일레븐 왕국의 공주다. 그런데 이 공주는 당시 만화영화 속에 등장하던 공주치고는 정말 특이

---

어디까지나 저만의 기준입니다만 〈달의 요정 세일러문〉도 그렇고 〈천사소녀 네티〉 〈지구용사 선가드〉 〈황금로봇 골드런〉 〈명탐정 코난〉 등 걸출한 작품들은 대부분 여기서 방영했다구요!

하게 축구를 너무너무 사랑한다. 축구가 너무너무 하고 싶어서 아무도 몰래 철가면을 쓰고 '윌'이라는 가명까지 만들어 돌발이네 팀에 입단할 정도다…. 그 모습을 보면 나는 그렇게까지 하고 싶어 했던 무언가가 있었나 스스로를 돌아보게 된다.

위너 공주는 축구를 너무너무 사랑한 만큼 너무너무 잘해서 무난히 정식 선수로 뛰게 된다. 그러나 결국 모두의 앞에서 정체를 들키고 마는데, 그 정체가 드러나는 장면이 또 드라마틱하다. 한발 앞서 윌이 위너 공주란 사실을 알게 된 상대 팀 공주 '마리아나'는 선수들에게 일부러 가면 부분만 공격할 것을 지시한다. 위너 공주는 이에 맞서 격렬한 몸싸움을 벌이다 가면을 쓴 채로 골대에 얼굴을 부딪히고 만다. 다행스럽게도 거기서 바로 정체가 밝혀지진 않는다. 가면에 금이 간 모습을 보고 돌발이를 비롯한 동료들이 걱정하지만 위너 공주는 한사코 괜찮다고 모두를 안심시키며 끝내 경기를 뛴다. 사실 지위가 지위이니만큼 본모습이 드러나는 게 두려울 만도 한데 말이다. 위너 공주가 헤딩으로 골을 넣어 팀을 승리의 길로 인도하는 마지막 순간! 결국 두

사실 이 어마무시한 축구 사랑은 유전이었다. 나중에 밝혀지는데 위너 공주의 아빠와 엄마는 일레븐 왕국을 대표하는 축구 선수였다. 심지어 엄마인 지나 왕비는 위너를 임신한 상태에서 축구를 하다(!) 황금 용에게 남편을 뺏긴다. 그래서 딸이 자신처럼 축구를 하다 불행해지지 않도록 축구를 못 하게 하라는 유언을 남긴다. 그리고 왕비인데도 축구 선수 유니폼을 입은 채 관에 안치된다….

동강 난 가면이 서서히 떨어지고, 슬로모션으로 찰랑거리며 흘러내리는 청록색 머리칼… 〈쥐라기 월드컵〉의 모든 장면을 기억하진 못해도 그 순간만큼은 결코 잊을 수 없다. 무능한 공주, 잡혀가는 공주, 마법을 쓰는 공주가 아니라 몸을 쓰는 공주, 함께 달리고 싸우는 공주를 만난 순간이었다.

위너 공주는 끝까지 주연으로 활약한다. '윌'이 아니라 '위너'의 모습으로. 결말부에서는 진정 축구에 통달한 자들만이 갈 수 있다는 '황금의 용사' 팀에 선발된다. 거기서는 주인공인 돌발이와 돌발이의 가장 친한 동료이자 라이벌인 야크를 제치고 가장 먼저 '기의 바람'을 타서 축구를 하기도 한다.

이런 공주도 있을 수 있구나. 나는 위너 공주를 보며 새로운 공주를 꿈꾸기 시작했다. 세 살 어린 남동생이 유일한 놀이 상대였던 나는, 공주 놀이를 하고 싶어도 아무도 나를 공주 취급해주지 않아 늘 외로웠다. 하지만 위너 공주를 보면 나는 새침 떨지 않아도, 얌전한 척하지 않아도 공주가 될 수 있었다. 있는 그대로의 내 모습을 보여줘도 공주라고 우길 수 있었다. 씩씩하게 뛰어다니는 공주의 모습을 위너 공주가 보여줬기에.

---

  이상하게 그 시절 공주 캐릭터들의 머리카락은 거의 다 이 색이었다. 〈꾸러기 수비대〉의 오로라 공주도 그렇고, 〈뾰로롱 꼬마 마녀〉의 민트도 그렇고.

위너 공주로 시작되는 계보를 그린다면 그다음 작품으로는 무엇을 꼽을 수 있을까. 아마 스튜디오 지브리의 〈모노노케 히메〉가 아닐까. 중학생 때 잠깐 다녔던 만화학원에서 보여준 불법 비디오판 〈도깨비 공주〉로 〈모노노케 히메〉를 처음 보았는데, 그때도 큰 충격을 받았다. 공주라면서 늑대를 타고 달리고, 칼로 사람을 해치고, 짐승의 피를 거리낌 없이 얼굴에 바르는 주인공 '산'의 모습…. 음, 다시 생각해도 내 안의 공주 계보는 위너 공주에서 산으로 이어지는 게 맞는 듯하다.

〈쥐라기 월드컵〉의 본래 제작 취지가 어땠는지는 모르지만, 적어도 내게는 공주는 어디든지 갈 수 있고 무엇이든 할 수 있다는 것을 처음으로 보여준 만화영화다. 이제 나는 아주 잘 알고 있다. 공주는 그저 신분에 불과하기에 긴 치맛자락을 늘어뜨리지 않아도, 반짝이는 티아라를 쓰지 않아도 여전히 공주라는 것을. 그리고 공주는 어디든지 갈 수 있다는 것을. 공을 찰 수 있고 몸싸움도 할 수 있다는 것을.

앞서 〈뮬란〉 얘기를 했기 때문에 〈모노노케 히메〉가 등장하는 데 의구심을 가질 분들이 계실 것 같다. 물론 〈뮬란〉이 디즈니 프린세스 라인에 포함되긴 한다. 그러나 나는, 엄밀히 따지자면 뮬란은 공주가 아니라 장군 또는 재상이라 본다. 실제로 엔딩에서 황제가 보좌관으로 임명하려 하고. 뮬란은 거절하지만…. 산도 그냥 일반인 아니냐고요? 그치만 어쨌거나 작중에서는 '모노노케 히메'라 불린다.

그래서 위너 공주처럼 공을 차긴 할 거냐고? 글쎄… 인터뷰를 한답시고 주변 사람들에게 풋살에 대해 물어봤더니 자꾸만 "풋살이 하고 싶은 거냐? 그렇다면 얼른 들어와라. 지금은 자리가 있다"라는 말이 돌아온다. 아직은 위너 공주만치 공을 차고 싶은 마음이 들진 않지만, 또 모른다. 갑자기 몇 주 후에 '철가면'이라는 닉네임을 단 채 풋살장을 누비고 있을지도!

# 어린이는 어른이 없는 사이에 자란다
〈공룡시대〉

나의 은사님인 동화평론가 김지은 선생님의 첫 비평집 『거짓말하는 어른』의 서문은 다음과 같은 문장으로 시작한다.

> 어린이는 어른이 없는 사이에 자란다.

〈공룡시대〉야말로 어른이 없는 사이에 자라는 어린이들을 잘 보여주는 애니메이션이 아닐까?

〈공룡시대〉는 1988년에 만들어진 극장판 애니메이션이다. 그때는 몰랐는데 나중에 찾아보니 스티븐 스필버그와 조지 루카스처럼 우리가 잘 아는 할리우드 영화의 거장들이 제작 총괄로 참여했다고 한다. 어릴 때부터 스티븐 스필버그의 영화를 참 좋아했는데, 〈공룡시대〉까지 스티븐 스필버그가 참여한 영화란 것을 알고 나니 조금 오묘한 기분이 들더라. 그러고 나서 다시 보니 스필버그 특유의 연출 방식이 보이는 것 같기도 하고. 거기다 그땐 몰랐는데 엔딩곡은 심지어 다이애나 로스가 불렀다. 네, 그 다이애나 로스 말입니다. 영화 〈드림걸즈〉에서 비욘세가 연기했던 바로 그분이요!

기본적인 스토리라인은 〈플랜더스의 개〉나 〈엄마 찾아 삼만리〉와 비슷하다. 멸종이 가까워진 공룡시대. 공룡들은 모든 것이 풍요롭다는 푸른 낙원을 찾아 먼 길을 떠나고 있었다. 그 와중에 주인공인 목긴공룡 '리틀풋'은 이빨공룡 티라노사우르스의 습격을 받게 되는데, 리틀풋의 엄마는 리틀풋을 지키려다 그만 목숨을 잃고 만다. 그러나 슬픔에 빠질 새도 없이 대지진이 일어나 남은 가족인 할아버지 할머니와도 헤어지게 된다. 슬픔에 빠져 있던 리틀풋은 엄마의 환영을 보며 푸른 낙원을 다시 떠올리고, 할아버지와 할머니도 분명 그곳을 향해 갔으리라 생각하며 혼자서 모험을 떠난다. 그리고 그 모험길에서 세뿔공룡(트리케라톱스) '세라'와 큰입공룡 '더키(정작 작품상에서는 입이 그다지 크게 묘사되지 않아 종류를 잘 알지 못했다)', 날개공룡 '피트리', 점박공룡 '스파이크'를 만나 우정을 나누게 된다.

그중에서도 세뿔공룡 세라가 강렬한 인상으로 남았다. 어쩌면 내가 처음 만난 '츤데레' 캐릭터가 아닐까. 세라는 세뿔공룡으로서의 자부심이 너무 강해서 뭐든지 혼자 하려고 한다. 하지만 정

---

정말 놀랍게도 이 부분은 그 당시 공룡 대멸종의 원인 중 하나라고 이야기되었던 데칸 트랩 지대의 화산 폭발처럼 묘사된다! 공룡을 향한 스필버그의 집념이란.

작 다섯 마리 공룡 중에서 가장 외로움을 많이 탄다. 그럼에도 불구하고 자신의 약한 모습을 드러내고 싶지 않아서 외려 더 화를 내고 속마음을 감춘다. "세뿔공룡은 절대 목긴공룡과 놀지 않아! 절대로!"라는 대표 대사(?)에서 그런 면이 가장 잘 드러나지. 엄마는 그런 세라를 참 좋아했다. 자존심이 세서 허세 부리고 강한 척하는 게 귀엽다나. 그렇지만 나는 세라가 싫었다. 얄미운 게 꼭 내 동생 같았으니까. 주인공 리틀풋도 그다지 좋아하지 않았다. 세라와 달리 리틀풋은 어른스러웠는데, 그게 싫었다. 사실 나는 말을 잘 못하고, 굼뜨고, 먹을 것만 밝히는 스파이크를 좋아했다. 스파이크보다 몸집이 훨씬 작은 더키가 항상 스파이크를 챙겨주는데, 그게 부러웠던 것 같다. 아무래도 나도 스파이크처럼 챙김받고 싶었던 모양이다. 더키처럼 누군가를 챙기는 게 아니라. 리틀풋처럼 지나치게 빨리 철이 들어버리는 것이 아니라.

푸른 낙원을 찾아가는 길에 아이들은 성장한다. 이빨공룡에게 무력하게 쫓기다 엄마까지 잃은 리틀풋은 이제 이빨공룡을 해치울 작전을 짜서 지휘하고, 마침내 성공시킨다. 날지 못하던 날개공룡 피트리는 절체절명의 순간에 날아오른다. 스파이크는 짤막하게나마 말을 할 수 있게 되고, 자기 고집만 세우던 세라도 스스로의 약함을 인정하고 친구들과 협동하는 법을 배운다. 그리고 마침내 자신들만의 힘으로 푸른 낙원을 찾아내어 그토록 그리던 가족들과 다시 만나게 된다.
  〈공룡시대〉는 어린이 만화영화답게 해피엔딩으로 끝난다. 그렇지만 공룡이 전부 멸종했다는 사실을 아는 우리로서는 그 행복한 결말이 꽤 가슴 아리다. 실제 공룡들의 삶은 '오래오래 행복하게 살았답니다'로 끝날 수 없었으니까. 그게 이 작품의 가장 슬프고 아름다운 점이 아닐까, 하고 생각한다.

그런데 알고 보면 이 만화영화처럼 슬픈 비화가 많은 작품도 또 없는 것 같다. 〈공룡시대〉는 특히 아름다운 음악 연출로 유명하다. 리틀풋이 자신의 그림자를 보고 엄마인 줄 알고 뛰어가는 장면이나 마지막 장면에서 나오는 음악 등은 그야말로 심금을 울렸는데, 담당한 이를 찾아보니 제임스 호너라고 나온다.

제임스 호너? 어딘지 익숙한 이름이다 했더니 오스카상과 골든글로브를 두 번씩 수상하고 그래미 어워드도 여섯 번이나 수상한 영화음악의 대가였다. 내가 본 영화 중에서는 〈공룡시대〉를 비롯하여 〈쥬만지〉〈타이타닉〉〈마스크 오브 조로〉〈뷰티풀 마인드〉〈어메이징 스파이더맨〉의 음악을 감독하셨단다. 그렇지만 '우와, 왜 몰랐지!' 하기도 전에 이분의 부고를 접했다. 안타깝게도 2015년, 취미로 경비행기를 조종하다가 그만 갑작스러운 추락 사고로 돌아가셨다고 한다. 나의 추억 중 많은 부분을 이분에게 빚졌다는 사실을, 너무도 늦게 알았다. 부디 영면하시길.

그런가 하면 더키의 성우를 맡았던 아역배우 주디스 바시 또한 어린 나이에 끔찍하게 사망했다. 당시 열 살이었던 주디스는 TV 드라마와 영화를 종횡무진하며 큰 인기를 얻었다. 그런데 어처구니없게도 아버지 조제프 바시는 어린 딸의 성공을 질투했다. 알코올중독자였던 그는 아내와 딸을 향해 폭언은 물론이고

폭력도 공공연히 휘둘렀다. 결국 주디스는 극심한 스트레스 때문에 갑자기 울음을 터트리거나 속눈썹을 뽑는 등 이상행동을 보이게 되었다. 이에 엄마 마리아는 이혼 절차를 밟고 있었는데, 조제프가 이 사실을 알고 술에 취한 채로 둘을 살해한 다음 자살했다. 〈공룡시대〉 또한 주디스 바시가 사망한 뒤에 개봉한 작품이라고…. 주디스의 묘비에는 더키의 입버릇인 "Yep, yep, yep"이 새겨져 있단다. 가정폭력 피해 생존자 중 한 사람으로서, 이 자리를 빌려 주디스 바시를 포함한 모든 가정폭력 피해자들의 안녕을 빈다.

어린이날에 이 글을 썼는데, 어린 시절 좋아했던 만화에 대해서 쓰는 건 어린이날에 하기 아주 좋은 일이라는 생각이 들었다. 〈공룡시대〉 역시 어린이날에 보기 좋은 내용이고. 공룡을 좋아

---

주디스가 사망한 후에 개봉한 또 다른 작품으로는 애니메이션 〈찰리의 천국여행〉이 있다. 이 작품의 경우 함께 호흡을 맞췄던 강아지 '찰리' 역을 맡은 배우 버트 레이놀즈가 주디스 사후 마지막 장면을 녹음했다. 엔딩에서는 강아지 '찰리'가 주디스가 담당했던 '앤 마리'와 이별하게 되는데, 평소 예뻐하던 주디스를 갑자기 잃은 버트는 해당 장면을 70번 넘게 녹음해야 했다고. 결국 버트는 눈물을 흘리며 녹음을 마무리했다. 유튜브에 검색하면 관련 장면들이 나오는데, 실제로 버트 레이놀즈가 목이 메어 힘겹게 'Sure you can' 'I love you, too'라는 대사를 발음하는 것을 들을 수 있다.

하는 조카 S에게 〈공룡시대〉를 보여주면 기뻐할 것 같아서 찾아보았는데, 내가 보았던 더빙판 비디오는 구할 수 없었다. 넷플릭스에 올라왔던 버전 또한 이미 내려간 지 오래고. 〈아기공룡 둘리: 얼음별 대모험〉이나 〈흙꼭두장군〉처럼, 많은 이가 추억하며 그리워하는 작품들의 원본이 소리 소문 없이 사라졌단 이야기를 들으면 어쩐지 내 어린 시절의 한 부분이 뭉텅이로 사라진 듯한 기분이 들어서 뒷맛이 씁쓸하다.

P. S. 이 글을 마무리한 다음 엄마를 만났습니다. 엄마에게 "엄마 〈공룡시대〉 기억나? 리틀풋 나오는 공룡 만화. 우리 집에 비디오로 있던"이라고 물었더니 단박에 "그 세라 나오는?"이라는 대답이 돌아오더군요. 혹시나 본가에 비디오테이프가 남아 있지 않을까 했는데 동생이 한참 전에 정리해서 버렸다는 대답이 돌아와서 또 뒷맛이 씁쓸해졌습니다.

# 3장
# 어린이는
# 만화영화를 통해
# 어른이 된다

# 요즘 아이들은 '자축인묘 진사오미 신유술해'를 어떻게 외우나요?

〈꾸러기 수비대〉

똘기 떵이 호치 새초미 자축인묘
드라고 요롱이 마초 미미 진사오미
몽치 키키 강다리 찡찡이 신유술해
우리끼리 꾸러기 꾸러기 우리들은 열두 동물
열두 간지 꾸러기 수비대

1996년 당시 7번 채널을 담당하고 있던 KBS 2TV가 〈꾸러기 수비대〉를 방영하지 않았다면 우리들은 대체 십이간지를 어떻게 외웠을까 싶다. 이 글을 쓰려다가 문득 궁금해졌다. 요즘 아이들은 십이간지를 어떤 방식으로 외울까? 이 노래가 전해지고 있기는 할까? 그래서 주변의 청소년 자녀를 둔 분들에게 직접 물어보았다. 겸사겸사 그들의 부모인 여러분은 어떠시냐고도 물었다. 그 결과는 다음의 표와 같다.

|   | 연령 | 십이간지 암기 여부 | 〈꾸러기 수비대〉 노래를 알고 있나요? |
|---|---|---|---|
| A | 2009년생(현 중 1) | 외움 | 그냥 한자 독음만 외워요. 동물과 연결하지는 못한답니다. |
| B | 2011년생(현 초 5) | 못 외움 | - |
| C | 2011년생(현 초 5) | 외움 | A와 마찬가지로 한자 독음만 외워요. |
| D | 1980년생 | 외움 | 그런 만화가 있다는 사실만… 알고 있어요. |
| E | 1979년생 | 외움 | 〈꾸러기 수비대〉가 뭐예요?(아예 모름) |

비록 조사원이 적긴 하지만, 아예 십이간지 자체를 못 외우는 B를 제외하면 대부분 "똘기 떵이 호치 새초미"로 시작하는 〈꾸러기 수비대〉의 주제가는커녕 그런 만화가 있다는 사실조차도 몰랐다. 이 결과를 전해준 조사원(?) 역시 주변을 보면 1982년생까지만 해도 이 노래를 아는데, 1980년생 위로 올라가면 대부분 모르는 것 같다고 했다. 하긴 같이 살고 있는 1983년생도 이미 열세 살이 되어서야 이 만화를 접했기에 십이간지를 외우는 데 큰 도움이 되진 않았다고 했다.

이쯤 되니 이 주제가로 십이간지를 암기했던 연령대가 대강 어느 정도 되는지 추려보고 싶어졌다. 위로는 1985년생까지 올라가는 걸까? 주변의 1985년생 두 명에게 물어봤더니 한 명은 "실제로 〈꾸러기 수비대〉를 보고 외웠다"고 답했고, 다른 한 명은 "친구들은 〈꾸러기 수비대〉를 보고 외웠는데 나는 그 만화영화를 보지 않아서 소외감을 느꼈다"고 답했다. 그렇다면 이 주제가의 도움을 받았던 연령대는 1985~1992년생으로 좁혀진다. 이 만화를 같이 보았던 내 동생이 1992년생인데, 당시 만 나이로 네 살이었다. 따라서 그 아래로 내려가면 너무 어려서 기억을 못 하는 것 같다. 1996년생인 사촌 동생 역시 이 주제가를 잘 모르며, 2004년쯤 재방영된 버전만을 보았다고 한다.

여기서 흥미로운 지점은 나를 포함한 많은 아이가 이 노래를 '그냥' 외웠다는 것이다. 딱히 '공부에 도움이 되려고' 외운 것은 아니었고 그냥, 그냥 외우게 되었다. 외우는 데 이유가 어딨어! 맨날 즐겨 보던 만화의 주제가였으니 자연스레 외워진 거지! 특히 이 노래는 4-4-4로 라임(?)이 딱딱 끊어져서 외우기도 쉬웠다. 1990년대는 암기에 미쳐 있던 시절이었다. 배움은 곧 암기였다. 읽기 시간에는 동시를 한 편 외워 가야 했다. 즐거운 생활 시간에는 동요를 한 곡 외운 다음 시험을 쳤다. 한자 시간에도 '하늘 천'을 오십 번씩 쓰면서 외웠다. 잘못을 하면 '깜지'를 썼고 구구단을 못 외운 아이들은 방과 후에 교실에 남아서 웅얼웅얼 외웠다. 이이는 사, 이삼은 육. 이사팔. 이오십. 원리 같은 건 몰라. 그냥 외울 뿐.

여하튼 우리(1985~1992생)는 그렇게 자축인묘 진사오미 신유술해를 외웠다. 이게 십이간지라는 건 아주 나아중에나 알았다. 그런데! 이렇게 유용한 노래가 지금은 전해 내려오지 않는다니! 구전가요처럼 이어지거나 적어도 1985~1992년생 선생님들의 교육 자료로라도 쓰이고 있지 않을까 했다. 운동회 때 으레 〈피구왕 통키〉나 〈지구용사 선가드〉의 주제가를 부르는 것처럼 말이다. 나는 너무 충격을 받은 나머지 '어떻게 자축인묘 진사오미 신유술해를 그냥 외우게 할 수 있어? 그건 너무 비인간적이지 않나…?'라는 생각까지 해버렸다(물론 전혀 비인간적인 일이 아닙니다).

〈꾸러기 수비대〉의 원제는 '십이전지 폭렬 에트렌쟈(十二戦支 爆烈 エトレンジャー)'다. 제목에 '폭렬'이라는 강렬한 한자가 들어가 있는 것부터 귀염뽀짝(?)한 우리나라 제목과는 듣는 이에게 주는 이미지가 전혀 다르다. 유튜브에 검색하면 금방 나오는 주제가 역시 완전 다르다! 어딘지 〈드래곤 볼〉 주제가를 연상시키는데, 우리나라에서는 도대체 어쩌다 이렇게 멋진 노래가 탄생하게 된 건지 그 후일담이 궁금할 지경이다. 실제로 우리나라에서 〈꾸러기 수비대〉는 인상적인 주제가로 잊을 만하면 계속 회자되고 있지만, 정작 일본에서는 아는 이가 거의 없는 작품이라 한다.

이 작품을 만든 제작사 중 한 곳은 2000년대에 이르러 〈바케모노가타리〉나 〈마법소녀 마도카☆마기카〉 같은 여러 유명작을 만들어낸 샤프트 다. 〈시간을 달리는 소녀〉 등으로 유명한 호소다 마모루 역시 연출 스태프로 이름을 올렸다. 다만 제작사 간 저작권 분쟁이 일어나면서 재방영은 물론 상품 제작 및 판매가 아

---

당시에는 하청 전문 업체였다고 한다.

예 멈춰버리는 바람에 잊히게 되어, 여러모로 비운의 명작 취급을 받고 있는 듯하다.

〈꾸러기 수비대〉는 주제가 가사처럼 푸른 바다 위 요정의 낙원 원더랜드에 살고 있던 열두 마리(혹은 열두 명)의 십이지 전사들이 통치자인 '오로라 공주'의 명을 받아 엉망이 된 동화나라를 재건하고, 그 과정에서 마녀 '해라'를 저지하고 물리치는 내용을 담고 있다. 이 작품의 주인공은 대장인 쥐 '똘기'지만, 이 만화를 처음부터 끝까지 본 아이들은 잘 알고 있을 것이다. 사실 이야기의 중심에는 호랑이 '호치'가 있다는 걸 말이다.

사실 마녀 해라의 정체는 호치의 여자친구 고양이 '쿠키'였다. 오로라 공주는 우리가 흔히 알고 있는 십이지 설화에서처럼 달리기를 통해 꾸러기 수비대 전사들을 뽑기로 결정한다. 쿠키 역시 꼭 전사가 되겠다는 마음을 품고 잠자리에 들었지만, 악의 세력인 '대마왕 마라'의 꾐에 넘어가 탈락하게 된다. 이에 쿠키는 오로라 공주와 그녀가 통치하는 원더랜드에 앙심을 품고 마녀 해라가 된다.

해라가 쿠키일 거라고는 꿈에도 생각하지 못했던 호치는 동화나라에 일어난 문제를 해결하는 와중에도 계속해서 쿠키의 행방을 쫓는다. 그러다 해라의 부하인 '사천왕' 중 '2호'와 만나 일종의 썸(?)을 타기도 한다. 쿠키와 닮은 외모에 어쩌면 그가 쿠키일 수도 있겠다고 생각했기 때문이다. 모든 사건이 해결된 마지막 화에서 쿠키는 원래 모습을 되찾지만, 죄책감을 못 이겨 마을을 떠난다. 호치는 쿠키를 보내주면서 언제가 되든 네가 돌아올 때까지 기다리겠다고 약속한다. 그렇게 〈꾸러기 수비대〉는 결말을 맞는다. 진주인공은 똘기가 아니라 호치였던 것이다…. 어떤 의미로는 십이지신 설화에서 탈락한 고양이에게 굉장히 포커스를 맞춘 작품이라 할 수 있다.

이런 내용을 담은 아주 유명한 작품이 하나 더 있다. 바로 타카야 나츠키의 순정만화 『후르츠 바스켓』이다. 『후르츠 바스켓』에는 이성과 접촉하면 동물로 변신하는 저주에 걸린 열세 명(십이지신에 고양이까지!)의 인물이 나온다. 주인공인 '혼다 토오루'는 그중에서도 쥐인 '소마 유키'와 고양이인 '소마 쿄우' 사이에서 연애 감정을 느끼게 된다. 개인적으로는 유키 캐릭터를 좋아해서 토오루-유키 커플을 꾸준히 밀었는데, 쿄우랑 이어졌다는 소식을 듣고는 기분이 묘했다(스포일러 죄송합니다. 여담이지만 여기서 뱀으로 등장하는 '소마 아야메'는 유키의 형인 데다가 잘생기고 특이한 미남이라 좋아했어요). 지금 돌이켜보면 왜 그렇게 쿄우를 별로라고 생각했는지 모

---

이때 원래 쿠키네 집에 있었던 호치와 쿠키를 닮은 모빌을 이용해 둘의 마음을 표현하는 장면이 나온다. 뭣도 모르는 어린아이였던 나조차 절로 감탄할 정도로 훌륭한 연출이었다. 아, 그리고 호치의 짐작은 완전히 틀린 것이 아니었다. 2호는 사실 해라의 분신이었기에 거의 막판에 이르러서 해라에게 흡수된다.

르겠다.

  내가 어릴 적 살던 곳에는 고양이가 거의 없었다. 〈달의 요정 세일러문〉과 〈꾸러기 수비대〉를 통해 고양이란 생물을 처음 접한 거나 마찬가지인데, 하필 〈꾸러기 수비대〉 후반부에 이르러 마녀 해라가 꾸러기 수비대 대원들을 무참히 죽이는 장면을 보고 매우 큰 충격을 받았다. 지금이야 고양이들을 매우매우 사랑하지만, 이십 대가 되기 전에는 무서워했다. 거기에 〈꾸러기 수비대〉가 어느 정도 영향을 미쳤을지도 모르겠다고 생각한다. 마찬가지로 〈꾸러기 수비대〉 때문에 『후르츠 바스켓』의 쿄우를 별로 좋아하지 않았을 수도 있다 이 말이다! 혹자는 터무니없는 소리라 여기겠지만 나는 나름 설득력이 있다고 생각한다. 이해할 수 없다면 그건 당신이 〈꾸러기 수비대〉를 보지 않았기 때문이야! 해라가 주는 압도적인 공포감을 느껴본 적이 없기 때문이라고! 비명을 지르며 죽어가던 '마초' '미미' '요롱이'를 아직도 기억하고 있다고, 나는!

한때는 이 작품에 등장하는 동물들을 두고 우리 띠 동물이 더 멋있네, '간지' 나네, 하며 경쟁하기도 했다. '드라고'는 용이라 힘이 세고 멋있다며 자랑스러워하는 친구들 사이에서 빠른년생인 나는 뱀인 요롱이가 너무 멋없게 생겼다는 생각에 조금 주눅 들었었다. 별일 아닌 것 같지만 어린 나이에는 꽤 상처였다. 엄마한테 왜 나를 학교에 일찍 보냈느냐고 투정 부린 적도 있다. 그때마다 엄마는 "왜, 설희 너처럼 요롱이도 책을 좋아하고 똑똑하잖아"라는 말로 위로 아닌 위로를 해주었다. 겉모습으로 모든 것을 판단하기 십상이었던 어린 시절에 크게 위안이 되는 말은 아니었지만, 그래도 요롱이와 내가 닮았다는 사실에 나름 동질감을 느꼈던 기억이 난다.

그처럼 띠에 집착하던 시절도 있었건만 이제는 아-무 생각이 없다. 나 또한 어느덧 신문이나 잡지 등에서 볼 수 있는 띠별 운세 코너에 출생 연도가 적히는 나이가 되었고, 1989년생 뱀띠에게 금전운이 있다고 쓰여 있는 경우가 아니라면 내 띠가 무엇인지 곱씹을 일도 별로 없다. 지금은 바야흐로 MBTI의 시대니까(TMI지만 저는 ENFJ랍니다 데헷).

그래도 여전히 십이간지를 쓸 일이 있으면 중얼중얼 똘기떵이 호치새초미를 왼다. 아마 죽을 때까지 기억할 우리 세대만의 돌림노래일 것이다. 이제 이 노래를 아는 세대는 우리뿐이고, 우리 세대가 잊으면 사라질 노래라고 생각하면 어쩐지 서글퍼진다. 이런 식으로 사라진 것들이 무수히 많겠지만, 〈꾸러기 수비대〉 주제가는 사라지도록 두기에는 너무나도 아까운 노래다. 그때나 지금이나 십이간지 외우기를 어려워하는 아이들은 많을 텐데. 이 노래를 부르면 십이간지를 편하게 외울 수 있다고 어딘가에라도 크게 외치고 싶은 기분이다. 이런 '꿀팁' 우리만 알 수 없다고, 카드뉴스라도 만들어서 SNS에 광고를 돌리고 싶은 심정이다. 그리하여 '와, 그 노래를 너희도 배우는구나!' 하며 세대를 넘어 공감하는 경험을 해보고 싶은 마음이다.

# 내 침대 밑 천사의 립스틱
〈웨딩피치〉

1996년, 일곱 살의 내가 얼굴을 빛내며 어딘가로 뛰어가고 있다. 연립주택이 즐비한 원미동의 골목골목을 달린다. 반짝반짝 붉은 빛을 내며 나를 변신시켜줄 '천사의 립스틱'을 갖기 위해. 손안에 꼬깃꼬깃한 만 원짜리 구권 지폐를 꼭 쥐고서. 그때의 설렘과 두근거림은 결코 잊히지 않겠지. 내가 뛰어가던 그 골목, 그 동네는 흔적도 없이 사라졌지만.

〈웨딩피치〉*는 내가 처음으로 완구를 샀던 만화영화다. 앞서 〈달의 요정 세일러 문〉을 이야기할 때 〈웨딩피치〉에 대해 잠깐 언급했었다. 〈세일러 문〉보다 후대 작품이지만 우리나라에서는 먼저 방영되었다고. 〈세일러 문〉을 먼저 봤으면 당연히 거기에 나오는

---

\* 원제는 '애천사전설 웨딩피치(愛天使伝説ウェディングピーチ).'

완구를 샀겠지만, 〈웨딩피치〉를 먼저 봤기에 나는 인생 처음으로 엄마를 조… 르진 않았고, 조름과 투정 그 사이의 어떤 행동을 하여 완구 살 돈 만 원을 손에 넣었다. 그래서 그렇게도 신나게 달음박질치고 있었던 것이다. 벌써 몇 주째 구경만 하고 지나쳤던 '릴리'의 완구, 천사의 립스틱을 당당하게 집어 들기 위해서.

**빠**른 년생인 나는 일곱 살에 원미국민학교(입학할 때에는 국민학교였는데 1학년 2학기 때 초등학교로 바뀌었다)를 입학했다. 우리 집과는 약 삼백 미터 정도 떨어져 있었다. 친구 고은이네 집과 다연이네 집, 소정이네 집을 지나 백오십 미터가량 쭈욱 직진하다가 혜윤이네 집 맞은편에 있는 한아름슈퍼에서 우회전하여 다시 백오십 미터 정도를 걸어가야 했다. 혜윤이네 집 앞에서 한 번 횡단보도를 건너서 가다 보면 문방구가 나왔다. 문방구를 지나면 대로가 나왔고, 대로 앞의 큰 횡단보도를 건너면 바로 교문이었다. 바로 옆에는 원미구보건소가 있어 신체검사를 그곳에서 했다. 원미국민학교를 3학년까지 다니다 송내역 앞으로 전학을 갔다. 그 삼 년 중 일 년간 학교 가는 길은 공사 중이었다. 수도관 공사인지 가스관 공사인지를 한다고 길을 깊게 파헤치고 임시 다리를 놓았는데, 말 그대로 '임시' 다리였어서 갑자기 등하굣길이 스릴 넘치게 변했던 기억이 난다.

  국민학교 생활은 싫지 않았지만 즐겁지도 않았다. 다녀야 하니 다니는 것뿐이었다. 매일 아침 교문 앞에서 고학년들이 명찰 검사를 하는 바람에 학년과 반, 이름이 적힌 명찰을 항시 패용해야 했다. 세모 모양 명찰은 성별에 따라 색이 달랐다. 남자아이들은 노란색 바탕에 검은 무늬가 있는 명찰을, 여자아이들은 하얀색 바탕에 분홍 무늬가 있는 명찰을 차고 다녔다. 명찰을 차지 않고 학교에 오면 교문 앞에서 벌을 서야 했다. 오 분 남짓 교문 앞에 서 있다 들어가는 게 당최 무슨 의미가 있나 싶지만, 낯모르는 아이들의 시선을 받는 일은 꽤 버거웠기에 잊어버리는 일이 없도록 엄마는 아예 가방 어깨끈에 명찰을 달아주었다.

담임선생님은 촌지를 준 아이와 주지 않은 아이를 노골적으로 차별했다. 나도 차별받는 아이 중 한 명이었고. 그러다 어느 날 갑자기 엄마가 면담을 온 후에는 나를 보는 눈빛이 조금 부드러워졌다. 입학 전부터 친했던 소꿉친구 혜윤이랑 같은 반이었으면 좀 더 나았겠지만, 혜윤이는 다른 반이었고 그마저도 금세 이사를 가버렸다. 고은이와 다연이, 소정이도 전부 다른 반이었고…. 그 시절 나는 아직 돌이 섞여 있는 운동장에서 '주먹 쥐고 엎드려뻗쳐'를 하거나, 갑자기 부반장으로 뽑혀서 반 아이들의 미움을 한 몸에 받거나, 초록색 표지의 '새모습 생활일기'에 글씨를 또박또박 적어 넣으며 지냈다.

그럭저럭한 나날들 사이에서 즐거움이라고는 학교 앞 문방구에 들러 〈웨딩피치〉의 한 장면이 담긴 카드(그걸 '트레이딩 카드'라고 부른다는 건 아주 나중에야 알았다)를 구입하는 것과, 그 김에 전시되어 있는 릴리의 완구를 눈요기하는 것뿐이었다.

당시 〈웨딩피치〉를 보던 많은 여자애가 그랬겠지만 나 또한 주인공 3인방(나중에 '사루비아'가 합류하여 4인방이 된다) 중에서 릴리를 가장 좋아했다. 좋아했다기보단 동경했다고 보는 편이 맞을까. 부드럽게 굽이치는 갈색 머리칼을 길게 늘어뜨린 릴리는 프랑스인 할아버지와 세련된 부티크를 운영하는 부모님을 두었고 발레와 피아노를 배우는 등 부잣집 아가씨의 클리셰를 전부 모아둔 캐릭터였다. 소녀들이 마음을 빼앗길 만했다. 하필 상징 꽃도 청초한 이미지를 대표하는 백합이었는데, 거기에 더해 변신 완구가 무려 천사의 '립스틱'이었다. 엄마의 수많은 화장품 중에서 가장 눈에 띄는 것을 고르라면 매니큐어와 함께 1, 2등을 다투던 그 립스틱 말이다. 당시 유행하던 립스틱은 하나같이 색이 강렬했다. 그때만 해도 삼십 대였던 엄마는 항상 립스틱을 바르며 화장을 마무리 지었는데, 언제 봐도 마법 같은 순간이었다. 밋밋한 살구색 입술 위에 립스틱을 바르면 갑자기 엄마 얼굴에서 빛이 났다. 나는 립스틱의 바로 그 점에 매혹되어 엄마에게 이게 떼쓰는 건지 아닌지 헷갈리는 애매한 행동을 해가며 허락을 구했던 것이다.

기어코 천사의 립스틱을 손에 넣었지만 어린 나는 완구를 가지고 노는 법을 잘 몰랐다. 무엇보다 그 완구로 놀려고 해도 남동생이 받아주지 않았다. 우리는 주로 '박사블록'으로 비행기나 우주선을 만든 다음 그걸로 스페이스 오페라를 찍거나 플라스틱 칼 등을 휘두르며 놀았고, 거기에 립스틱 완구가 낄 자리는 없었다. 혼자 스위치를 눌러보며 '웨딩 릴리'의 변신 신을 몇 번 흉내 낸 것이 전부였다. 결국 언젠가부터 천사의 립스틱은 빛이 나지 않게 되었다. 엄마 아빠에게 말하자 건전지만 갈아 끼우면 된다며 고쳐주겠다고 약속했지만, 차일피일 미루기만 했다. 정신을 차려 보니 내가 매일매일 눈독 들이던 천사의 립스틱은 침대 밑에서 먼지투성이가 된 채 굴러다니고 있었고, 그다음부터 엄마는 더 이상 완구 사는 일을 허락해주지 않았다. 천사의 립스틱보다 더 크고 화려한 '천사의 요술봉'이 출시되었지만 언감생심이었고… 당연하게도 〈세일러 문〉 완구 역시….

결국 내가 택한 굿즈는 책이었다. 그 문방구에서는 〈웨딩피치〉 책도 팔았다. 내용이야 어쨌든 외형은 책이었고, 가격도 완구만큼 부담스럽지는 않았기에 엄마도 이것만큼은 눈감아주었다. 완구를 살 수 없게 되었다고 자연스레 책을 샀던 걸 보면, 그때부터

---

SF 장르 중 하나. 주로 우주에서 펼쳐지는 모험과 전쟁을 소재로 삼는다. 우리말로는 '우주 활극'이라고도 부른다. 대표적인 작품으로는 〈스타트렉 시리즈〉와 〈스타워즈 시리즈〉〈가디언즈 오브 갤럭시 시리즈〉 등이 있다.

될성부른 편집자의 떡잎이 보였던 걸지도.

원미국민학교 앞 동네, 그리고 그 바로 앞에 있던 문구점. 내게 처음으로 만화영화 속 완구를 구입하는 기쁨을 안겨주었던 그곳은 이제 없더라. 이름마저도 생각나지 않는다. 어린 시절 썼던 새모습 생활일기를 뒤지면 나오기야 하겠지만. 꿈나무 어쩌구 하는 이름이었던 것만 기억난다. 그 시절을 떠올리며 내가 천사의 립스틱을 사려고 뛰어갔던 길의 지도를 검색한 뒤 로드뷰를 봤다. 그런데 매우 당황스럽게도 동네가 너무나도 많이 변해 있었다. 골목마다 빼곡히 들어차 있던 다가구주택과 단독주택은 거의 남아 있지 않았다. 전부 원룸 건물뿐. 우리 집에서 도보 삼 분 거리였던 한아름슈퍼 맞은편엔 세븐일레븐이 들어섰고, 원미국민학교 옆에 있던 원미구보건소도 2005년에 신축 이전을 해서 없어졌다. 외벽에 전부 시트지를 붙여서 음산해 보이던 오락실도, 유난히 강아지를 많이 길렀던 친구네 집도 사라졌다…. 나는 지금도 그리라면 그 동네의 약도를 그릴 수 있는데, 그 모습은 이

---

내 친구가 이미 다른 글에서 썼던 바 있지만 나는 어디에도 쓴 적이 없기에 여기에 소소하게나마 밝혀본다. 난 출판 편집을 그만두고 프로그래밍을 배우겠다면서 프로그래밍 책부터 몇 권 구입하는, 정말 편집자스러운 만행(!)을 저지른 적이 있다. 친구들이 "누가 요새 프로그래밍을 책으로 배우냐! 유튜브로 배우는 세상인데!"라고 말하여 뒤늦게 무언가 잘못되었음을 깨달았다….

제 없다. 아아, 우리가 사랑했던 것들은 전부 어딘가로 가는 것일까. 우리가 사랑했던 동네는, 내가 아끼던 그 완구는 전부 어디로 갔는지.

# 그리고 마침내
# 2020년이 도래하고 말았습니다
### 〈2020 우주의 원더키디〉

"2020년 왠지 좋아."

"왜?"

"아니 그냥, 숫자가 너무 귀엽잖아. 이공이공."

"엥, 별로."

"숫자가 둥글둥글하니 귀엽고, 같은 숫자가 반복되는 게 마음 편하잖아. 통일감이 느껴진다고. 2019 봐라. 이게 뭐니 이게? 뭔가 불완전해 보여."

"난 오히려 2019가 더 둥글둥글한 것 같은데."

"아니라니까! 2020년에는 왠지 좋은 일이 생길 것 같아. 숫자부터 예감이 좋아."

2020년을 앞둔 2019년 12월의 어느 날, 지인들과 나누었던 대화 내용이다. 그땐 그랬더랬다. 2020년 1월 1일이 되자 나는 카카오톡 프로필 사진을 〈2020 우주의 원더키디〉 타이틀 화면으로 바꾸었다. 우주소녀의 〈이루리〉를 들으며, 내 프로필 사진(그 아래 상태 메시지는 "나 서른 두 살이에요, OK?")을 보고 낄낄거리는 친구들과 새해인사를 주고받았다. 그땐 정말 모두 다 이뤄질 거라 믿어 의심치 않았는데, 정신을 차려 보니 우리는 마스크를 사기 위해서 약국에 줄을 서 있었다. 수시로 콧속에 면봉을 찔러 넣어야 했고, 머무는 장소마다 QR 코드를 찍고 있었다. 캐나다에 워킹홀리데이를 갔던 내 친구는 급하게 귀국한 반면, 베트남에서 일하고 있던 지인은 아버지의 기일에도 한국에 들어오지 못했다. 바야흐로, 팬데믹이 전 세계를 휩쓸고 있었다.

2020년을 대표하는 단어를 하나만 고르라면 나는 주저없이 '공포'라 말하겠다. 우리는 공포에 떨며 2020년을 보냈고 2021년을 맞았으니. 그런데 생각해보면 참 흥미롭다. 사실 내게 있어서 '2020'이라는 숫자는 어릴 적부터 공포와 연결되어 있었다. 2020년의 팬데믹으로 인한 공포 외에도 만화영화 〈2020 우주의 원더키디〉가 내게 안겨주었던 공포가 있었다.

〈2020 우주의 원더키디〉는 1989년에 제작되어 방영된 작품이다. 서울 올림픽을 기념하여 '본격적인' 애니메이션을 제작해보자는 기치 아래 만들어졌는데, 해외 애니메이션 하청 전문사였던 세영동화와 한호흥업을 작화팀으로 기용하였다고 한다. 그 때문인지 근 삼십 년이 지난 지금 보아도 완성도가 굉장히 높다. 거기다가 유명 천문학자 조경철 박사가 이야기 감수를 담당했다고. 이렇게 공들인 보람이 있었는지, 프랑스 칸 필름마켓 TV시리즈 부문 최우수상 등 해외의 여러 애니메이션 영화제에서 수상한 이력이 있다고 한다.

하지만 이런 내용은 내가 이래저래 찾아본 바 알게 된 것일 뿐. 어릴 적 나는 〈2020 우주의 원더키디〉를 썩 좋아하지 않았다. 실제로 1989년 방영 당시에도 지나치게 방대한 세계관 등이 주 시청층인 어린이들에게 어필하지 못했다고 한다. 그야 당연하지, 그렇게 무서웠는데.

방영되는 채널의 이미지(?)도 한몫을 했다. 나는 1994년에 재방영할 때 〈2020 우주의 원더키디〉를 접했는데, 채널 번호는 9번이었고 당시 방송국은 KBS 1TV였다. 그 시절 어린이들이 보기에 가장 재밌는 만화영화를 제일 많이 틀어주는 곳은 보통 7번, KBS 2TV였고, 그 다음이 11번, MBC 문화방송이었다. SBS 서울방송도 많이 봤는데, 〈무지개 요정 큐티 하니〉〈카드캡터 체리〉〈마법소녀 리나〉 같은 조금 더 마이너한 만화영화를 많이 방영해주었던 걸로 기억하고 있다. EBS 교육방송이나 iTV 경인방송에서 해주는 만화영화들도 봤지만 채널 선택권이 주로 어른들에게 있는 만큼, 공중파를 보는 일이 잦았다.

9번은 제일 재미없는 만화영화만 틀어주는 채널이었다. 일요일 낮, 아빠가 즐겨 보던 〈전국노래자랑〉이 끝나면 만화영화가 방영되긴 했는데, 어린이들이 좋아할 만한 만화보다는 주로 어른들 기준에서 의미 있는 만화가 대부분이었다. 〈달려라 하니〉나 〈영심이〉〈날아라 슈퍼보드〉처럼 국내에서 제작되었거나 〈배추도사 무도사〉나 〈흙꼭두장군〉처럼 교훈적인 내용을 담고 있거

나. 하여튼 9번에서 나오는 만화영화들은 우리 또래들에게 인기가 없었다.

무엇보다 앞서 말했던 것처럼 〈2020 우주의 원더키디〉는 그 당시 아이가 보기에는 지나치게 무서웠단 말입니다…. 여자 주인공 '예나'는 나름 예쁘다면 예쁘다고 말할 수 있는 외양이었지만 툭 하면 눈을 허옇게 까뒤집으며 비명을 질러댔다고요! 보통 귀신들이나 눈을 허옇게 뒤집고 다니잖아요! 그리고 예나가 데리고 다니던 수상쩍은 외계 생물체는 빈말로도 귀엽다고 못할 수준이었다…. 아니 솔직히 말하자면 징그러웠다고요…. 악당 로봇들은 또 왜 그렇게 무서웠는지.

게다가 우연히 본 충격적인 결말도 〈2020 우주의 원더키디〉를 피하게 되는 데 한몫했다. 그날도 아빠는 〈전국노래자랑〉이 끝난 뒤 선심 쓰듯이 나를 불렀다. "설희야 이리 와서 만화 봐라." 그 말에 신이 나서 달려갔던 것뿐인데… 브라운관 속에서는 주인공 '아이캔'이 그토록 찾아 헤매던 아버지를 마침내 찾은 참이었다. 그런데! 세상에! 아이캔의 아버지는 악당의 본거지에 있는 유리 돔 안에 갇힌 채 생체실험(!!!)을 당하고 있었다! 그 돔 안에는 아이캔의 아버지뿐 아니라 아이캔이 타고 온 갈라티카호의 승무원 '리사'의 아버지도 있었는데, 그 역시 생체실험을 당하고 있었다. 설상가상으로 악당의 본거지는 다른 행성으로 도망치기 위해 이륙을 시도하는 중이었다…. 간신히 눈을 뜬 아빠는 아이캔에게 말한다. 날 놔두고 어서 도망치라고…. 아이캔은 유리 돔을 붙잡고 눈물을 흘리지만 결국 다른 승무원들에 이끌려 아버지를 두고 올 수밖에 없었다. 이윽고 갈라티카호의 창 너머로 이륙하는 악당의 본거지가 비추어진다….

이 장면이 너무 무섭고 끔찍했다. 생체실험을 당하고 있었는데! 심지어 못 구했어! 다시 저 먼 우주로 날아가버렸다고?! 그때의 절망감이 너무나도 강렬하게 남아 있어서, 나는 최근까지 〈2020 우주의 원더키디〉가 아이캔의 아버지를 영원히 구하지 못한 채로 끝나버린 줄 알았다. 최근에 찾아보니까 그래도 아버지를 무사히 구출했다고는 하는데… 그 과정을 지켜보며 정신적인 상처를 입은 아이캔과 나, 그리고 내 또래 다른 아이들은 누가 구해주냐고요….

게다가 때는 세기말이 가까워 오던 1990년대 말. 무려 외계인의 시체를 해부하는 장면을 공중파 뉴스에서 틀어주던 시대. 시사 상식을 쌓으려고 부모님과 함께 뉴스를 보다가 그 충격적인 장면을 맞닥뜨렸을 아이들의 정신적인 상처는 또 어떻게 해줄 거냐고요! 네?! 외계인 시체 해부 장면과 〈2020 우주의 원더키디〉에서 아이캔의 아버지가 당하던 생체실험이 함께 맞물려서 아직 초등학생이었던 내게 정말 끔찍한 공포를 새겨주었다. 덕분에 저는 외계인 공포증을 갖게 되었답니다. 잊을 만하면 아직도 외계인이 꿈에 나와요! 나이를 먹고 나서 찾아보니 나처럼 이 만화영화가 무서웠다고 하는 사람들이 꽤 있어서 그나마 조금 위안을 느꼈달까.

앞으로도 2020은 여러모로 내게 공포의 숫자로 남게 될 것 같은

데, 문득 이런 생각이 들었다. 요즘 어린이들은 내가 초등학교 때 유행하던 '빨간 마스크 괴담'을 어떻게 받아들일까? 어쩐지 그다지 무서워하지 않을 것 같아, 뭐 그런 생각. 이 빨간 마스크 혹은 '입 찢어진 여자' 괴담의 역사는 꽤 유구하다. 내가 어릴 적 유행하던 것이 내 동생 세대와 그 후배 세대에 대를 이어 유행하는 모습을 보았다. 이 괴담에 대해서는 '마스크를 낀 낯선 이'에게서 느끼는 무의식적인 거부감이 괴담의 형태로 승화된 것이 아닌가 하는 추측이 있다. 그 시절에는 마스크를 끼고 다니는 사람이 흔치 않았으니까.

하지만 이제는 빨간 마스크가 뭐야. 하얀 마스크, 파란 마스크, 노란 마스크, 초록 마스크, 검은 마스크, 분홍 마스크 등 온갖 색깔 마스크를 낀 사람들을 마주하는 것이 익숙해졌다. 마스크 끈에 스트랩을 다는 것은 물론, 어린아이들 사이에서는 마스크에 판박이나 스티커를 붙이는 일까지 유행했을 정도니.

그렇지만 나는 알고 있다. 앞으로의 아이들은 빨간 마스크 대신 코로나19 같은 전염병에 대한 새로운 공포를 안고 살아가게 되리란 사실을. 우리는 귀신이나 외계인보다 훨씬 더 현실적인 공포를 맞닥뜨리며 살아가게 될 것이다. 〈2020 우주의 원더키디〉나 외계인 생체실험만 무서워해도 되었던 그때의 내가, 가끔은 그립다.

# 욕심쟁이 오리아저씨, 언제쯤 저도 금화의 바다에서 헤엄치게 될까요?

〈디즈니 만화동산〉

〈욕심쟁이 오리아저씨〉(원제는 '덕테일스DuckTales')는 미국에서 1987년부터 1990년까지 사 년 동안 방영된 작품이다. 나는 몰랐지만 최초로 평일 시간대를 위해 제작된 디즈니 애니메이션이라고 한다. 국내에는 1989년에 처음 방영되었으며, 1996년에 재더빙되어 《디즈니 만화동산》을 통해 방영되었다. 내가 본 것은 이 버전이고, 2017년에 리부트된 적이 있다 한다. 이 또한 몰랐지만. 하지만 여기서는 이러한 작품에 대한 히스토리들을 전부 뒤로 밀어두고 조금 다른 이야기를 하고 싶다. 오롯이 나의 이야기만을.

어린 시절, 우리 남매는 일요일 아침이면 여덟 시가 되기 전부터 눈을 뜨곤 했다. 내 또래 많은 아이가 그랬듯 《디즈니 만화동산》을 보기 위해서였다. 주 6일의 고된 노동을 마친 부모님이 아직

깊은 잠에 빠져 있을 때 안방을 비집고 들어가 티비 전원 버튼을 눌렀던 나와 내 동생. 그 프로그램에선 여러 만화영화가 방영되었지만, 내가 주제가까지 기억하는 만화영화는 〈욕심쟁이 오리 아저씨〉가 유일하다.

주제가가 흐르면 항상 오리아저씨가 자신의 금고 안에 있는 수많은 금화 속에서 헤엄치는 장면이 나왔다. 정말 수영장에 뛰어드는 것처럼 수영복 '빤쓰'만 입고 금화로 뛰어든다. 능숙하게 자유형을 하며 물장구(아니 금장구인가?)를 치고 팔을 움직인다. 이따금 잠수했다가 고개를 내밀어 푸우우, 금화를 뱉어낸다.

나와 내 동생은 입을 벌리고 그 모습을 바라보았다. 우와아. 그때 우리는 아직 어렸기에 종이 돈의 가치를 잘 몰랐다. 그 대신 노란빛의 동그란 '금화'라는 이미지에 매료되었다. 그때 그 이미지가 머릿속에 어찌나 강렬하게 남았는지, 한동안 나는 생각했다. 부자라면 자신만의 비밀 금고가 있어야 한다고. 두꺼운 문을 열면 금화가 산더미처럼 쌓여 있고, 온갖 보석과 금 항아리, 진주 목걸이 등등이 나뒹굴고 있어야 한다고. 이 편견 아닌 편견에는 디즈니가 가장 큰 공헌을 했다.

나뿐 아니라 동생도 그랬던 것 같다. 언젠가 엄마와 아빠가 집 안 가구를 뒤엎고 이곳저곳에 숨겨두었던 동전을 모두 정리한 적이 있었다. 엄마가 틈날 때마다 장롱 밑으로, TV장 밑으로 밀어넣은 동전들이 끝없이 나왔다. 어느새 방 안은 10원, 50원, 100원짜리 동전들로 가득 찼다(500원짜리 동전은 정말 드문드문 있었다). 내 동생은 먼지구덩이 속을 굴러다녔을 그 동전들 위에 퍼질러 앉고서, 손에 잡히는 대로 동전을 쥐어 허공에 뿌렸다.

"우린, 부자다~!"

동생만큼은 아니었지만 나도 신이 났다. 엄마는 "지지!"라고 말하며 동생을 말렸지만, 엄마도 아빠도 동생을 보면서 웃고 있었다.

그러나 우리는 결코 부자가 아니었다.

그전부터 우리의 삶은 휘청거렸지만 IMF를 맞으면서부터는 본격적으로 벼랑 끝에 내몰렸다. 집에 모르는 아저씨들이 찾아왔고, 아빠의 행방을 물으면 무조건 모른다고 해야 했다(실제로도 아빠가 어디 있는지 몰랐다). 집에 없는 척하며 문을 열어주지 않곤 했다. 집에 쌀이 없던 날도 있었다. 엄마가 옆집에 가서 쌀 한 공기만 빌려 오라고 했는데 나는 그게 죽기보다 싫어서 절대 못 간다고 버텼다. 어쩐지 수치스러웠다. 결국 동생이 나가서 빌려 온 쌀로 밥을 지으며 엄마는 말했다. "넌 유난스럽다"고.

그럴 때마다 욕심쟁이 오리아저씨가 떠올랐다. 금화가 그 정도로 많다는 건 대체 어떤 느낌일까? 상상해보려 했지만 상상할 수도 없었다. 내가 아는 세계를 아득히 넘어서는 일이었으니까. 그냥 멍하니, '우리에게도 그만큼 돈이 있었다면 호화롭게 떵떵거리면서 살았겠지?' 하고 생각했다.

그래도 어찌저찌 중고등학생 시절을 보냈다. 하지만 대학교에 들어가니 눈앞에 새로운 벽이 나타났다. 바로 학자금 대출이었다. 빚을 조금이라도 빨리 갚기 위해 무리하게 원금균등상환 방식을 택하는 바람에 이십 대 내내 죽을 맛이었다. 당시 나는 계약직으로 일하고 있었는데, 상환이 몇 시간만 늦어져도 바로 독촉 전화가 왔다. "곧 입금한다고요!" 벌컥 화를 내며 전화를 끊은 적도 한두 번이 아니었다.

갖은 고생 끝에 학자금 대출을 다 갚은 날, 완납했다는 안내 문자를 받고서 한참 동안 건물 밖 화단을 서성였다. 아는 동료가 담배를 태우러 나오면 한 개비라도 빌리고 싶은 마음이었다.

우리는 왜 그렇게 살아야만 했을까? 정말 이 세상에 욕심쟁이 오리아저씨처럼 비밀 금고에 금화를 가득 채우고 살아가는 억만장자라는 것이 있기는 한가? 그들은 분명 존재한다. 신문은 물론이고 뉴스에서도, 심지어 SNS를 통해서도 볼 수 있다. 하지만 내게 있어서 그들은 만화 속 욕심쟁이 오리아저씨처럼 그저 아득하기만 하다. 내가, 우리 가족이 그들처럼 될 수 있을까?

직장인으로 자리를 잡은 지 몇 년이 지난 뒤 엄마가 전화를 걸어 왔다. 이러저러한 내용 다 빼고 결론만을 말하자면 급히 이백만 원을 갚아야 한다는 것이었다. 더도 말고 덜도 말고 딱 이백만 원. 엄마는 그 돈이 없다고 했다. 동생도 마찬가지였다. 하지만 하필 내 통장에는 이백만 원이 있었다. 이전 직장을 그만두며 받은 퇴직금이었다. 올해에는 튀르키예에 가고 싶어서 쓰지 않고 남겨둔 돈이었다. 나는 오래 고민하지 않고 그 돈을 송금했다.

이백만 원은 그렇게 사라졌다. 두 다리를 뻗고 앉아 엉엉 울었다. 돈 때문에 서러운 적은 많았지만 돈 때문에 운 적은 그날이 처음이었다.

팬데믹이 시작된 2019년부터 2022년 초반까지 주식, 코인 투자 열풍이 불었다. '영끌(영혼까지 끌어모아 투자한다)' '빚투(빚내서 투자한다)'라는 말이 사람들 입에 오르내렸다. 무리해서 투자한다니? 나로서는 상상할 수도 없는 일이었다. 생활 수준을 지금만치 끌어올리느라 얼마나 고생했는데. 절대 그럴 수 없다.

  나는 불안정한 생활에 대한 공포가 심하다. 프리랜서 생활은 상상도 할 수 없다. 그래서 모든 프리랜서가 정말 정말 너무나도 대단해 보인다. 매달 꼬박꼬박 돈이 들어온다는 사실, 내가 앉을 자리가 있다는 사실이 주는 안도감과 안정감이 크다. 그리고 그만큼 회사로부터 자진 퇴사를 종용받는 상황에 대한 두려움도 크다. 그래서 나는 자기 밥그릇을 챙기기 위해 나서는 이들을 항상 응원하게 되는 것 같다. 부당해고나 무통보 보직해임을 받아 행정소송을 제기한 사람들, 제빵기사들의 점심시간 한 시간을 보장받기 위해 53일 단식투쟁을 벌였던 사람들, 삭감된 임금을 원상 복구하라고 요구하며 가로세로 1미터짜리 철판 안에 들어가 스스로 용접하여 봉하고 투쟁하는 사람들을 말이다.

〈욕심쟁이 오리아저씨〉의 원작이라고 해야 할까? 여하튼 모티브가 되었다는 찰스 디킨스의 『크리스마스 캐럴』은 읽어본 적 없다. 그렇지만 내가 아는 오리아저씨는 욕심쟁이에 구두쇠이긴 해도, 큰돈을 차지하기 위해 횡령을 하거나 노동자들을 착취하진 않았다. 하루아침에 근무지를 서울에서 천안으로 옮겨버리는 등 법망은 피해 가면서 눈에 보이지 않는, 그러나 아주 강한 압박을 줘서 못 견디게 만들라고 지시하지도 않았다.

아, 모든 사람이 수영할 수 있을 만큼 금화가 가득한 금고가 있다면 세상은 얼마나 평화로울 것인가!

# 열한 명의 도플갱어가 있다면, 무엇을 하고 싶습니까?
## 〈시간탐험대〉

〈시간탐험대〉*도 내가 마지막 화를 본 만화영화 중 하나다. 이제와 생각하면 '도대체 얼마나 TV를 끼고 살았던 거야…'라는 탄식이 절로 나오지만 뭐 어쩌랴. 이미 그렇게 돼버린 것을. 이 작품은 제목 그대로 시간 이동 능력을 가진 타임머신 '돈데크만'의 힘을 빌어 다양한 시간대를 탐험하는 내용을 담고 있다.

지금 봐도 돈데크만의 설정은 아주 특이하다. 일단 주전자 모양인 것부터 참신하다. 돈데크만은 단순히 이 만화영화의 마스코트를 넘어 실질적인 주인공이 아닐까 싶을 정도로 〈시간탐험대〉의 인지도에 가장 크게 기여하고 있다. 녀석에게는 무려

---

\* 원제는 '타임트러블 톤데케만!(たいむとらぶるトンデケマン!).' '돈데크만'이 아니고 '톤데케만'이었다!

자아를 지닌 AI가 탑재되어 있다. 그런데 그 자아라는 게 아주 비열해서(!) 손잡이를 잡은 사람이라면 누구든 상관없이 '주인님'이라 부르며 설설 긴다. 어린 나조차 '와, 쟤는 좀 얄밉다'라고 생각했을 정도로. 그래서인지 이능력(異能力)을 갖고 있는 물건인데도 한 번도, 단 한 번도 돈데크만이 갖고 싶었던 적이 없었다….

한국에서는 1993년에 첫 방영을 했고, 이후 1997년에 한 차례 재방영했을 정도로 나름 인기 있는 작품이었다. 그 시절 나와 같은 만화영화를 본 게 틀림없는 이들이 주전자를 들고 "돈데기리기리 돈데기리기리 돈데돈데돈데 돈데크만~!" 하고 주문을 외우거나, 팔짱을 낀 채 하염없이 "아하하하하하! 아~하하하하하하!" 하고 너털웃음만 짓는 '램프의 바바' 흉내를 내는 것을 종종 보았다. 심지어 2013년에는 박용우 배우가 무려 《SNL》에서 램프의 바바를 패러디하기도 했다.

그렇지만 본토인 일본에선 그 정도는 아니었나 보다. 〈꾸러기 수비대〉나 〈웨딩피치〉처럼 한국에서만 인기를 끌었던 것이다. 일단 찾아보니 〈시간탐험대〉 자체가 1989년부터 1990년에 걸쳐 방영된, 상당히 옛날 작품이었다. 거기다 다른 작품들에 밀려서 계속 방영 시간대가 바뀌었다고 하니… 인기를 끌고 싶어도 끌 수 없는 상황이었던 것이다. 거기다 동시대에 방영되었던 만화영화들이 〈드래곤볼Z〉 〈란마 ½〉 〈수라왕 슈라토〉 〈시티헌터〉 〈도라에몽〉… 그만 알아보자.

그래도 나는 나름 재미있었다. 앞서 말했듯 주전자 형태의 타임머신이라는 발상이 신기했고, 여러 시간대를 오가며 사건을 해결하는 내용도 흥미진진했다. 예나 지금이나 나는 이렇게 시간을 넘나드는 액션 활극에 약하다. 비슷한 장르의 〈날아라 번개호〉나 〈4차원 탐정 똘비〉도 아주 재미있게 보았으니. 〈시간탐험대〉의 주요 크루는 다양한 연령대와 문화권의 인물로 구성되어 있는데, 이게 또 재밌다. 주인공인 '스카이'와 '리키'는 초등학교 5학년에서 중학교 2학년을 넘나드는 십 대 청소년이지만 돈데크만을 만든 '레오나르도 박사'는 노인이고, 중간에 합류한 '알라딘'은 열 살짜리 어린이다. 내게 민폐 커플이 무엇인지를 처음으로 알려준 '샬랄라 공주'와 '오마르 왕자'는 정확한 나이가 나오진 않지만 적어도 스카이와 리키보다는 연상처럼 보이니 최소 십 대 중후반, 많아봤자 이십 대 초반이다. 돈데크만과 램프의 바바를 거느리는 통통한 중년남 '압둘라'도 있다. 돈데크만이나 램프의 바바 그리고 용용이는 인간이 아니니 논외. 이 일곱 명의 인간과 세 개의 개체(?)로 이루어진 무리들이 다양한 시간대에서 각종 트러블을 일으키고 해결하니 원제는 '타임트러블 톤데케만!'으로 정해진 것 같지만, 시간을 넘나들며 탐험을 하니까 〈시간탐험대〉라는 국내 제목도 딱 맞는다.

---

 본작에서는 중학생인 것처럼 나오는데 또 어딘가에서는 초등학교 5학년이라고 소개되었다 하니, 애니메이션 설정상의 문제 같다.

마지막 화에서 돈데크만이 결혼을 하고(?) 자식을 낳아(??) 이 자식들이 여러 시간대를 만들어내는데(???), 이 타임라인이 꼬여서 인물들은 뿔뿔이 흩어진다. 나는 당연히 이들이 어찌저찌 다시 만나게 되며 엔딩을 맞을 줄 알았는데, 그냥 이렇게 흩어진 채로 끝난다. 〈2020 우주의 원더키디〉나 〈요술공주 밍키〉〈날아라 거북선〉 급으로 충격적이진 않았지만 그래도 내게 놀라움을 안겨준 엔딩이었다. 그렇지만 다들 나름대로의 해피엔딩을 맞이한다. 작중에 시간선이 꼬여 열한 명의 자신과 함께 살아가게 된 스카이와 리키는 그들과 밴드 또는 축구팀을 결성한다. 샬랄라 공주와 오마르 왕자는 인류의 시초가 되어 아들딸 쑴풍쑴풍 낳으며 행복하게 살아가고, 용용이와 압둘라와 알라딘은 빙하기에 고립된 공룡들을 살리면서 공룡 문명을 키우는 데 일조한 영웅이 되었다. 물론 투자를 받아놓고 일을 하지 않아 경찰에 체포된 열한 명의 레오나르도 박사님들은 제외…. 지금 생각하면 조금 웃기고 귀엽지만, 어린 나에겐 이 엔딩이 매우 신선하게 느껴졌다. 대부분의 만화영화는 누군가가 죽거나 서로 헤어져도 마지막 화에서는 재회하며 끝나는데 〈시간탐험대〉는 그냥 뿔뿔이 흩어진

이 부분과 그 당시 내가 보았던 영화 〈쥬라기 공원〉, 비디오로 본 〈공룡대행진〉, 그리고 〈사우르스 팡팡〉과 〈쥐라기 월드컵〉 등의 만화영화가 맞물리며 나는 공룡 문명에 대한 꿈을 무럭무럭 키우게 되는데… 그 결과 미래과학글짓기 대회에서 금상(!)을 받았다는 이야기를 이미 앞에서 했다!

채 이야기를 마무리 지은 것이다.

   그러면 상상력이 풍부한 어린이들은 자연스레 이런 생각을 하게 된다. 첫 번째, 엔딩에 등장한 시대 중 과연 어떤 시대로 가는 게 가장 좋을까? 처음에는 당연히 공룡시대로 가고 싶었다. 위기에 빠진 공룡들을 구해주고 그들의 영웅이 된다니, 어쩐지 가슴이 벅차오르지 않는가! 하지만 이 환상은 1993년 작 〈쥬라기 공원〉이 산산이 깨뜨려주었다. 공룡들은 지나치게 리얼했고 인간과 공룡은 교감할 수 없었다…. 굶주린 육식공룡들 앞에 선 인간은 한낱 고깃덩이일 뿐…. 고도로 발달한 과학은 환상 브레이커와 구분할 수 없었고 나는 이 상상을 그만두었다.

   그렇다면 차라리 과학이 지나치게(?) 발달한 미래는 어떨까? 〈시간탐험대〉에 미래는 등장하지 않았지만, 당시 서점에서 우연히 발견한 김종규 소설가의 SF소설 『화성탐험』에 심취해 있던 나는 미래세계에도 환상을 품고 있었다. 그러나 환상은 어디까지나 환상일 뿐이었다. 열 몇 살 어린아이의 머리로는 고도로 발달된 미래도시, 그것도 희망찬 미래도시라는 개념을 제대로 정립할 수 없었다. 만약 그때 희망찬 미래도시를 구체적으로 생각할 수 있었다면 나는 이과에 진학했을 것이다. 그렇다면 지금처럼 에세이를 쓰는 현재는 존재하지 않았겠지. 여하튼 어린 나는 결론을 내렸다. 현재에 사는 게 제일 낫겠다고.

   그렇다면 열한 명의 나와 함께 살아야 하는데… 내 두뇌는 여기서 멈추었다. 늘 또 다른 내가 필요하다고 생각해왔지만, 지나치게 많은 건 또 부담스러웠다. 어디까지나 딱 두 명 정도만! 또 다른 나를 열한 명 모아서 뭔가를 해보겠다는 생각은 전혀(!) 들지 않았다. 나는 그저 이렇게 버거운 나 자신을 같이 짊어질 또 하나의 내가 필요했을 뿐이었다. 그래서 그냥 더 생각하기를 그만두었다. 그리고 만약 내가 열한 명 생긴다면 스카이처럼 밴드나 할까, 하고 막연히 생각하게 되었다. 밴드, 좋지. 밴드에 대한 동경도 늘 있었으니까.*

하지만 사실 내 두뇌가 멈췄던 진짜 이유는 따로 있었다. 아주 중요한 질문이 생각나버린 것이다. 만약 내가 열한 명이 있다면, 누가 진짜 '나'인가? 어쩌면 열한 명 모두가 "내가 진짜야!"라고 주장할 수도 있고, 아니면 모두가 "나는 진짜가 아니야!"라고 주장할 수도 있다. 만약 열한 명 전원이 자기는 진짜가 아니라고 주장한다면 어떻게 되는 거지? 그리고 당장 지금의 나. 그동안 힘든 와중에도 아등바등하며 삶을 꾸려왔던 나는… 과연 그 상황에서 내가 진짜라고 나설까, 아니면 가짜라고 부정할까.

나는 누군가.
지금 이 글을 쓰는 나는 진짜인가.

---

* 그리고 이 질문을 2006년 투니버스에서 방영한 〈7인의 나나〉를 보며 또 하게 된다…. 다른 점이 있다면, 〈7인의 나나〉에 나온 일곱 명의 '나나'는 어디까지나 주인공 '스즈키 나나'가 지니고 있던 다양한 면모가 분열되어 나온 모습이란 것.

이런 생각에 빠져들 때면 나보다 사백 년을 앞서 살았던 현자 데카르트의 말로 손쉽게 도피한다.

> 나는 생각한다, 고로 존재한다(cogito, ergo sum).

어쨌거나 적어도 이렇게 글을 쓰는 동안에 나는 내가 살아 있다고 느낀다. 〈시간탐험대〉를 만든 사람들이 이런 심오한 주제를 말하기 위해 그런 엔딩을 낸 건 아니겠지만.

〈시간탐험대〉의 감독인 유야마 쿠니히코는 〈요술공주 밍키〉 〈웨딩피치〉 〈사우르스 팡팡〉 등 그야말로 내 어린 시절을 책임진 몇몇 작품들을 감독했다. 그리고 캐릭터 디자이너이자 총작화감독인 아시다 토요는 앞서 다루었던 〈번개전사 그랑죠〉의 캐릭터를 디자인한 사람이기도 하다. 〈요술공주 밍키〉에서도 유야마 감독과 합을 맞춰본 적이 있고 〈세느강의 별〉 〈닥터 슬럼프〉 등 수많은 작품의 작화를 담당했다. 특히 아시다 토요는 2007년 6월에 JAnicA라는 일본 애니메이션 감독 협회를 설립하여 업계의 처우 개선을 적극적으로, 그리고 지속적으로 요구해왔다고 했다. 이 두 사람이라면 자신이 열한 명 있었으면 좋겠다고 생각했을 만하다.

그렇게 생각하니 갑자기 내가 열한 명이 되는 것도 나쁘지 않아 보인다. 진정한 내가 다 무어냐. 그런 걸 고민할 시간이 어딨냐. 한 명은 출근하고, 한 명은 외주 원고를 쓰고, 한 명은 소설을 쓰고, 한 명은 에세이를 쓰고, 한 명은 집안일을 하고…. 그럼 그 중 하나는 진정한 내가 누군지 고뇌할 시간을 가지게 되지 않을까? 아, 바쁘다 바빠 현대사회다!

# 기분이 '룬룬'한 날,
# 꽃의 천사 루루가 나타나기를
〈꽃천사 루루〉

언젠가는 내가 사는 우리 마을에도
꽃의 천사 루루가 나타나겠지

내가 기억하는 마법소녀물 중에서 가장 오래된 〈꽃천사 루루〉의 주제가 가사다. 이 말대로 언젠가는 내가 사는 우리 마을에 꽃의 천사 '루루'가 나타날 줄 알았다. 매일 밤마다 꽃천사 루루가 우리 동네에 와주기를 빌며 잠들었을 정도였다. 루루를 만나는 꿈도 몇 번이나 꾸었던 것 같다. 만나서 무얼 했는지는 전혀 기억나지 않지만. 그 정도로 좋아했었는데.

〈꽃천사 루루〉의 원제는 '꽃의 아이 룬룬(花の子ルンルン)'이다. 1979년에 방영을 시작한 꽤 오래된 작품으로서, 일본에서는 마법소녀물의 효시 중 하나로 꼽힌다. 우리나라에서는 1980년 MBC에서 한 번, 1994년 KBS 2TV에서 한 번, 총 두 번 방영되었

다. 내가 본 것은 1994년 KBS 2TV 버전이다. 무려 16년이 지난 뒤에야 〈꽃천사 루루〉를 본 셈이다. 줄거리는 간단하다. '꽃의 아이' 루루는 꽃의 정령들이 살고 있는 별을 재건하기 위해 무지개꽃을 찾는 임무를 받았다. 무지개꽃을 찾아 이곳저곳 돌아다니다, 곤경에 빠진 사람들을 만나면 돕는다.

그러나 루루는 그렇게 돌아다니면서도 내가 사는 동네에는 오지 않았다. 당연했다. 왜냐하면 루루는 유럽 마을을 중심으로 모험을 펼치고 있었기 때문이다. 1979년에 방영된 〈꽃천사 루루〉는 저 유명한 〈캔디 캔디〉의 영향을 받아 만들어졌다고 한다. 한국은 유럽이 아니기에 그는 결국 내가 사는 부천에 올 수 없었다… 는 안타까운 이야기. 〈꽃천사 루루〉는 픽션이다, 라든가 2차원과 3차원 사이에는 넘을 수 없는 벽이 있다는 등의 지극히 상식적인 반론은 받지 않기로 하겠다.

문득 내가 언제부터 〈꽃천사 루루〉를 잊어버린 건지 궁금해졌다. 찾아보니 우리나라에서는 1994년 10월부터 1995년 2월까지 방영되었다고 한다. 그해에는 내가 정말 정말 좋아했던 〈뾰로롱 꼬마 마녀〉를 시작으로 〈세느강의 별〉과 〈꽃의 천사 메리벨〉〈돌고래 요정 티코〉〈사우르스 팡팡〉〈우주선장 율리시즈〉, 국산 만화영화 〈꼬비 꼬비〉 등 대단한 애니메이션이 쏟아졌다. 역시 우리 1980년대 후반에서 1990년대 초중반생들은 한국 애니메이션의 황금기를 살고 있었던 게 틀림없다.

〈꽃천사 루루〉에 대해 이런저런 추억을 떠올리다 보니 오프닝을 보고 싶어져서 유튜브에 검색해봤다. '꽃천사 루루'까지만 쳐도 뒤에 '1994'가 자동으로 완성된다. 그만큼 많은 사람이 검색했던 걸까? 그리고 영상을 재생하는 순간 온몸의 털이 곤두섰다. 다 까먹은 줄 알았는데, 나는 처음부터 끝까지 주제가를 따라 부르고 있었다.

> 꽃을 사랑하는 예쁜 소녀 루루
> 아름다운 꽃의 나라 천사가 되어
> 행복을 준다는 몰래 피어 있는
> 신비의 무지개꽃을 찾아다닌다
> 루루루- 루루루-
> 세상 모든 꽃들이 루루의 친구야
> 언젠가는 내가 사는 우리 마을에도
> 꽃의 천사 루루가 나타나겠지
> 꽃의 천사 루루가 나타나겠지

근데 참 이상하지. 갑자기 눈물이 나기 시작했다. 자꾸만 목이 메었다. 심장이 빠르게 쿵쾅쿵쾅 뛰었다. "루루루- 루루루-" 하는 후렴구에서는 가슴이 벅차올랐다. 오랜만이었다. 가슴이 벅차오르는 감각은. 어릴 때는 아무 생각 없이 따라 불렀는데 나이 들어서 보니 노랫말이 참 다정했다. 그래, 진짜로 꽃의 천사 루루가 나타날 거라고 생각했던 때가 있었는데.

  영상에 달린 총 49개의 댓글 중 가장 많은 추천을 받은 댓글은

"우리 동네에도 루루가 올 줄 알았음ㅠㅠ"이다. 우와, 이 만화를 기억하는 사람이 나 말고도 또 있었네. 어쩐지 신기했다. 어릴 때는 물론이고 지금까지 〈꽃천사 루루〉에 대해 다른 사람과 이야기해본 적이 없었다. 그래서 이렇게 오래된 만화영화는 나나 기억하고 있을 줄 알았는데. 뭐, 그래봤자 49명밖에 없지만.

〈꽃천사 루루〉의 결말에 대해 말하는 댓글도 있었다. 나도 결말을 보았다. 루루가 그토록 찾아다니던 무지개꽃은 알고 보니 루루의 집에 피어 있었다는, 마테를링크의 『파랑새』를 연상케 하는 결말이었다.

루루가 달고 다니던 꽃 브로치가 탐났다는 댓글도 있었다. 물론 나도 그 브로치가 탐났다. 예쁘기도 예뻤지만, 특히 나를 미치게(?) 한 부분은 후반부에 모습이 바뀌었다는 거다. 변하기 전에도 예뻤지만 변한 후 모습이 굉장히 예뻤다. 알고 보니 '마법소녀의 완구가 각성하여 변한다'는 설정 자체가 〈꽃천사 루루〉에서 처음 등장했다고 한다. 그럼 갖고 싶었던 게 당연하네, 싶다. 나 또한 〈꽃천사 루루〉로 그런 설정을 처음 접했으니까.

일본에서는 〈꽃천사 루루〉가 큰 인기를 끌었던 것 같다. 글을 쓰다 궁금해져서 이것저것 검색해봤는데, 일본에서는 이 작품이 히트를 치면서 원제인 '꽃의 아이 룬룬(花の子ルンルン)'에서 따온 '룬룬(ルンルン)'이라는 신조어가 생겨났다고 한다. 약간 들뜨고 즐거운 기분이나 마음을 가리키는 단어라나. 작가 하야시 마리코가 1982년에 『룬룬을 사서 집에 돌아가자(ルンルンを買っておう

ちに帰ろう)』라는 책을 낸 이후로 젊은 여성들 사이에 대유행하여 지금은 완전히 자리를 잡았다… 고는 하는데, 좀 더 조사해보니 '룬룬'이라는 단어가 과연 정말 〈꽃천사 루루〉에서 유래한 것이냐에 대해 의견이 분분했다. 근데 솔직히 말하면 아무렴 어떠냐 싶다. '룬룬'의 어원 따위에는 큰 관심이 없다. 난 일본 사람도 아니거니와, 설령 일본 사람이라 해도 그랬을 것 같다. 무슨 상관이람. 뭐, 또 모른다. 저 머나먼 평행우주 어딘가에서 언어를 연구하는 일본인으로 태어났다면 좀 달랐겠지. 일단 지금의 나에게 중요한 것은 내가 〈꽃천사 루루〉를 통해 룬룬이란 단어를 배웠다는 것뿐이다.

역시 나도 기분이 룬룬! 되는 것일까. 가끔 유튜브를 통해 내가 좋아하는 마법소녀물의 오프닝이나 변신 장면 등을 찾아보면 기분이 한없이 둥둥 떠오른다. 평소보다 들뜬 기분이 되어 아무나 붙잡고 이 작품이 얼마나 굉장한지, 지금 이 장면이 왜 의미 있는지 떠들고 싶어진다. 그럴 땐 트위터에 미친 듯이 트윗을 쏟아붓는다. 다다다다다. 음, 얘기하다 보니까 이건 확실히 '룬룬'이라는 단어 말고는 설명할 수 없다. 그래, 나는 마법소녀물을 볼 때마다 기분이 룬룬하다. 그게 과거 추억이 묻어 있는 작품이든, 아니면 지금 진화에 진화를 거듭하고 있는 작품이든.

한국에서는 '내숭을 떨까 수다를 떨까'라는 제목으로 발간되었다.

기분이 룬룬해지니까 마법소녀물을 보는 것일까? 아님 마법소녀물을 봐서 기분이 룬룬해지는 것일까? 언뜻 말장난 같지만 꽤 중요한 차이다. 행복해지니까 웃는 것이냐, 웃으니까 행복해지는 것이냐. 감정이 먼저 움직이고 행위가 그에 뒤따르는 것이냐, 아니면 행위가 있기 때문에 감정이 생겨나는 것이냐. 어려운 문제다. 찾아보니 행위가 먼저라고는 하는데… 진짜일까? 잘 모르겠지만, 단 하나 확실한 건 〈꽃천사 루루〉를 봤을 때의 나는 룬룬했다는 것이다. 그런 감정을 일깨워준 〈꽃천사 루루〉를 이제야 다시 기억해냈다는 게 그저 미안할 뿐이다.

# 신데렐라는 계모와 언니들과 화해할 수 있을까?

⟨신데렐라 이야기⟩

나는 월트 디즈니에서 만든 ⟨신데렐라⟩를 본 적이 없다. 보통 디즈니판 ⟨신데렐라⟩를 본 사람들은 우선 요정 대모가 "살라카둘라 메치카불라 비비디-바비디-부!" 하고 부르는 노래부터 떠올리는 것 같다. 물론 이 노래는 2000년대 후반에 모 통신사 광고에 등장하며 유명해지긴 했지만. 그렇지만 나는, 역시 "신데렐라"라고 입 밖으로 소리 내어 발음하면 빙글빙글 돌면서 "오늘은 기분이 좋아- 랄랄라 랄랄랄랄라-" 하는 노래를 불러야만 할 것 같다.

바로 KBS 2TV(7번!)에서 볼 수 있었던 ⟨신데렐라⟩의 주제가다. 원제는 '신데렐라 이야기(シンデレラ物語)'로, 일본에서 1996년 4월부터 10월까지 방영되었던 것을 우리나라에서 9월에 바로 들여와 약 3주 차를 두고 10월에 종영했다. 그로부터 이 년 뒤에 한 번 더 재방영했다고는 하는데, 그때는 이미 내가 ⟨리리카 SOS⟩나 ⟨황금로봇 골드런⟩ ⟨절대무적 라이징오⟩ ⟨스피드왕 번개⟩ ⟨천공의 에스카플로네⟩ ⟨무지개 요정 큐티 하니⟩ ⟨파이팅!

대운동회〉 등을 챙겨 보느라 안중에도 없었으므로….

　페로의 원작을 어린이용으로 창작한 그림동화책을 제외하면 아마 애니메이션 〈신데렐라〉는 내가 최초로 본 신데렐라의 각색본이 아닌가 싶다. 좀 더 정확하게 말하자면 '월트 디즈니의 영향을 받지 않은' 각색본이라고 해야겠지. 디즈니판 〈신데렐라〉를 지금까지 보지 않았기 때문에 신데렐라를 모티브로 한 애니메이션은 이게 더 익숙하다.

　물론 기본적인 이야기는 모두 같다. 친엄마가 돌아가신 뒤 신데렐라는 새엄마와 새언니들과 함께 살게 된다. 그러나 일 때문에 아빠가 떠나게 되고, 그 이후에는 새엄마와 새언니들에게 구박을 받으며 부엌데기 생활을 한다. 하지만 나중에는 요정의 도움으로 결국 공주가 되어 왕자랑 결혼하게 된다는 결말. 근데 이런 류의 이야기가 늘 그렇듯이 마지막에 구원자로 나오는 왕자에 대해서는 하나도 기억나지 않는다. 〈신데렐라〉에서는 신데렐라가 상당히 초반부터 왕자랑 만남을 갖는 것으로 나오는데도 불구하고 난 왕자의 존재 자체도 잊고 있었다….

　지금까지 기억나는 건 그보다 마지막 화의 장면이다. 결국 신데렐라는 왕자와 결혼을 약속하고 성에 들어가게 된다. 그런데 마차를 타기 직전에도 부엌을 정리하며 뭐가 어디에 있는지, 언제 무엇을 해야 하는지를 일일이 메모하며 알려주고 있다. 행여 자기가 없으면 새엄마와 새언니들이 살림을 전혀 못 할까 봐 그러는 것이다…. K-장녀로서 어쩐지 익숙해서 너무 슬픈 장면이다…. 그러자 새언니들과 새엄마는 "이제 됐다, 우리가 알아서 할

게"라고 말하고, 새엄마가 직접 만든 장신구를 건네자 신데렐라는 고맙다며 처음으로 새엄마를 포옹한다. 이게… 어쩐지 감동적이어야 하는 장면처럼 연출되었는데, 어린 마음에도 '이건 아니지 않나?' 싶었다. 신데렐라가 잘되니까 그제야 사과하고, 그럼에도 불구하고 신데렐라는 관대하게(?) 용서하는 분위기.

물론 이렇게 생각할 수도 있다. 그 직전에 서로 쌓인 감정을 해소하는(사실 신데렐라가 일방적으로 괴롭힘을 당했기 때문에 이렇게 말하기에는 조금 무리가 있지만 어쨌든) 시간이 있지 않았겠냐고. 그런데 그렇지도 않다. 정말 원작에 충실하게 새엄마와 새언니들은 어떻게든 신데렐라가 유리구두를 신어보지 못하도록 훼방을 놓고, 마침내 유리구두가 신데렐라의 발에 딱 맞는다는 사실을 알고 나서도 믿을 수 없다는 듯 불평불만을 늘어놓기 때문이다. 그러니 아무리 어린애라도 갑작스럽게 훈훈한(?) 분위기가 조성되는 것은 이상하다고 여길 밖에.

교훈을 줘야 하는 아동용 애니메이션의 한계라고 퉁칠 수도 있겠지만 그래도 조금 더 생각해보자. 용서란 무엇일까? 대체 무엇이관대 아주 옛날부터 많은 이가 용서를 추구해야 할 가치로 여기고, 나에게 피해를 준 사람들을 용서하자는 이야기를 만들어내느냔 말이다. 정말 용서는 인간이 꼭 도달해야만 하는 어떤 경지 같은 걸까? 이따금 자신에게 큰 해를 끼친 누군가를 용서하는 사람들에 대한 이야기를 듣는다. 그러면 진정한 용서라는 건 확실히 어떤 경지에 이르러야 가능한 것이구나, 라고 생각하게 된다. 나 같은 범인들은 흉내조차 내지 못할 행위임은 분명하다. 사실 아직도 용서라는 행동을 잘 이해할 수 없다. 그래서 이렇게 용서하며 끝을 맺는 작품들이 조금 거북한 걸지도.

신데렐라만큼 어린 나이에 나도 부모님을 용서해야만 했다. 아니, 그런 것처럼 보여야만 했다. 법정에 서서 나는 아빠를 용서했다고, 그러니 용서해달라고 재판관에게 말했다. 하지만 속으로는 비웃었다. 내가 시 외곽에 있는 가정법원까지 누구 차를 타고 왔게요? 사실 나뿐만 아니라 가정폭력을 겪은 모든 이가 비슷한 경험을 했을 것이다. 2017년, 나는 한국여성의전화에서 주최하는 가정폭력 성인자녀 집담회에 패널 자격으로 참석했다. 그곳에서 만난 사람들 중 부모를 용서했다고 말한 이는 한 명도 없었다.

그럼에도 불구하고 여전히 '나는 용서할 수 없다'고 이야기하는 일은 터부시된다. 현대사회에서는 누군가를 용서하는 행위가 성숙한 인간임을 반증하는 것처럼 여겨지기 때문이다. 어릴 적부터 접해온 수많은 이야기가 그렇게 끝을 맺어왔기 때문이다. 악인은 선인 앞에 무릎을 꿇고 참회의 눈물을 흘렸습니다. 선인은 악인을 너그러이 용서해주었습니다. 그리고 모두가 오래도록 행복하게 살았답니다-! 나는, 우리는 늘 그렇게 배워왔다. 아마 지금도 그렇게 배우고 있을 것이다.

그래서 영화 〈벌새〉를 보면서 반가웠다. 내가 느꼈던 위화감을 함께 느낀 이가 있었구나, 이 사람 역시 그 감정을 그냥 지나치지 않았구나. 매우 가부장적으로 굴며 오빠가 '은희'를 때리는 걸 무시하던 애비는 은희가 침샘을 절개하는 수술을 받아야 한다고 하자 갑자기 엉엉 소리 내어 운다. 은희와 나머지 자식들 앞에서 죽일 듯이 싸우던 부모는 다음 날 아무렇지 않게 소파에 나란히 앉아서 코미디 프로그램을 보고 웃는다. 격렬했던 싸움의 흔적은 소파 밑에서 채 꺼내지 못한 깨진 전등 조각에서만 찾아볼 수 있다. 그때 느꼈던 그 이상한 기분과 위화감이란.

이제는 그들이 왜 그랬는지 이해할 수 있다. 받아들이기 싫지만, 그들도 결국 '인간'이기에. 아, 물론 여기서의 이해란 '잘 알아서 받아들임'이란 뜻이지, '남의 사정을 잘 헤아려 너그러이 받아들임'이란 뜻은 아니다. 별로… 사정을 잘 헤아리고 싶지도 않고 너그러이 받아들이고 싶지도 않으니. 〈벌새〉의 은희는 결국 부모님을 용서했을까? 아니, 용서하지 못했을 것 같다. 다만 이해하고, 그러려니 넘기려 했을 것 같다. 아빠가 하는 행동을. 엄마가 하는 행동을. 내가 그리했듯이.

다시 신데렐라로 돌아가자. 신데렐라는 결국 그들을 용서한 것일까. 그림 형제 판본에서는… 신데렐라야 용서한 것 같지만 신(또는 작품 밖의 저자나 독자)은 그렇지 않았는지, 새엄마와 새언니들은 새들에게 쪼여 눈을 잃고 만다. 이 버전과 신데렐라가 모두를 용서하여 행복하게 살았다는 버전 중에서 어느 쪽이 '더 좋은' 결말인지는 지금도 여전히 모르겠다. 그냥 앞으로의 신데렐라 이야기에서는 신데렐라가 조금 덜 구박받고 조금 더 행복해져서, 내가 본 만화영화 속 신데렐라처럼 누군가를 용서해야 하는 곤란한 상황에 처하지 않기만을 바랄 뿐.

# 우리 도깨비가 좋은 것이여

⟨꼬비꼬비⟩

보통 '도깨비'라는 말을 들으면 무얼 떠올리나? 라떼는 말이야, 만화영화 ⟨꼬비꼬비⟩로 도깨비를 배웠다 이 말씀이야! 정말 그랬다. 1995년 5월부터 1996년 11월까지 1차 방영했고, 이후 반응이 좋아 1999년까지 재방송이 진행된 국내 애니메이션 ⟨꼬비꼬비⟩는 우리 세대에 전통 도깨비의 개념을 정립해준 작품이니까.

천 년 묵은 낡은 물건이 도깨비로 변한다는 것, 메밀묵을 좋아하고 팥죽을 싫어한다는 것, 모든 인간을 '김 서방'이라 부른다는 것, 어딘가로 이동할 땐 도깨비불로 변신하는 것, 도깨비가 울면 비가 내린다는 것. 이 모든 내용을 나는 ⟨꼬비꼬비⟩로 배웠다. 물론 도깨비라는 존재는 이전부터 알고 있었다. 외할머니가 중얼중얼 읊어주듯 들려주셨던 이야기나 사촌 동생 집에 있는 전래동화 전집 속에도 도깨비는 늘 등장했으니까. ⟨이상하고 아름다운 도깨비 나라⟩라는 동요에서도 나오고, '혹부리 영감'이나 '도깨비 감투' 같은 전래동화에서도 나오지만 그림 속 도깨비는 친근하다고 느끼기 어려웠다. 좋은지 나쁜지 아리송한 도깨비보다는, 화장실에서 "빨간 휴지 줄까, 파란 휴지 줄까" 묻는다는 귀신이 더 무서운 나이였으니.

그래서 〈꼬비꼬비〉가 대단한 작품인 것이다. 〈꼬비꼬비〉를 보고 나는 도깨비란 존재를 친근하게 느끼는 수준을 넘어서, 도깨비 친구가 생겼으면 좋겠다고 생각하게 되었다. 최고 시청률 20퍼센트를 달성한 작품이라 하니 나뿐만 아니라 그 당시 아이들이 전부 다 그랬을 것이다. 평범한 초등학생 '김깨동'이 우연히 도깨비 '꼬비'와 만나 친구가 되고, 이런저런 사건을 겪다가 '합체'를 할 수 있게 된다. 여기서 나오는 합체 주문이 그 유명한 "백두무궁 한라삼천!"이다. 이렇게 합체하여 변신하면 인간과 도깨비를 초월한 힘을 낼 수 있다. 이 능력을 통해 둘은 여러 문제를 해결해 나간다.

〈꼬비꼬비〉에는 '흥부와 놀부' '옹고집' '자린고비' '별주부전' 등 우리나라의 전래동화들을 새롭게 재창작한 에피소드들이 등장한다. 이보다 더 어릴 때 보았던 〈꾸러기 수비대〉에도 동화를 재창작한 서사가 나오긴 한다. 하지만 주로 그림 동화 쪽에 치우친 데다, 아무래도 일본 애니메이션이라 그런지 '우라시마 타로'나 '은혜 갚은 두루미'처럼 일본의 전래동화도 함께 다루었다. 하지만 〈꼬비꼬비〉에서는 돈을 아끼기 위해 공장 폐수를 정화하지 않고 몰래 버리는 옹고집이나 도깨비들을 무급 노동(…)으로 부려먹다 벌을 받는 자린고비(꼼쟁이), 동생 흥부의 전 재산을 빼앗고 괴롭히다 도깨비들에게 혼쭐이 나는 놀부 등 정말 우리나라 어디엔가 있을 것 같은 친숙한 인물들이 등장한다. 특히 낮에도 활동할 수 있는 낮도깨비 악당인 '홍두깨'는 "아닌 밤중에 홍두깨"라는 속담에서 비롯된 이름이니, 기지가 빛나는 부분이 아닐 수 없다. 최종 보스라고 할 만한 캐릭터 '망태 할아버지' 역시 민간에 떠돌던 이야기에서 가져온 것이다. 과거 KBS가 제작했던 〈초롱이의 옛날여행〉과 〈꼬비꼬비〉의 송정율 감독이 이전에 연출했던 〈배추도사 무도사의 옛날 옛적에〉〈은비 까비의 옛날 옛적에〉의 스토리텔링 방식이 〈꼬비꼬비〉에 접목된 것이 아닌가 싶다. 그래서인지 더욱 몰입해서 볼 수 있었는데, 앞서 언급한 최고 시청률 20퍼센트 또한 여기서 비롯된 듯하다.

이런 철저한 고증은 원작가인 황은주 작가를 통해 이루어졌다. 그렇다! 놀랍게도 〈꼬비꼬비〉의 원작이 있다! 나도 이번에 알았는데, 1992년 KBS TV 만화영화 시나리오 공모 당선작을 바탕으로 기획한 작품이라 한다. 〈꼬비꼬비〉를 보기 전, 으레 '도깨비'라고 하면 나는 얼룩덜룩한 가죽옷을 입고 가시 달린 도깨비방망이를 든 모습을 떠올렸다. 그간 봐왔던 모든 동화책에 이런 삽화가 들어 있었기 때문이다. 이것이 일본 요괴 '오니(オニ, 鬼)'의 영향을 받은 묘사라는 사실은 아주 나중에야 알았다. 그러나 〈꼬

---

그간 〈배추도사 무도사〉와 〈은비 까비〉는 별개의 작품이라 생각했다. 그런데 이번에 찾아보니 '옛날 옛적에'라는 시리즈 안에 같이 묶여 있는 것이 아닌가!

비꼬비〉 속 도깨비들은 뿔이 달려 있긴 하지만 얼룩덜룩한 가죽옷을 입고 있지도, 가시 달린 도깨비방망이를 들고 있지도 않다. 황은주 작가는 지금도 역사 동화 등을 집필하고 있는데, 탄탄한 스토리와 한국적인 도깨비의 모습은 바로 원작가의 이런 배경에 바탕을 두고 있었던 것이다. 어쩐지 너무 재밌더라….

문득 궁금해졌다. 어린이 여러분, 나는 〈꼬비꼬비〉로 도깨비를 배웠는데, 여러분은 무엇을 보고 도깨비를 배우나요? 요새는 드라마 〈쓸쓸하고 찬란하神 도깨비〉를 먼저 떠올리려나? 이 드라마도 어느덧 종영한 지 팔 년 남짓 지났다. 아쉽게도 〈꼬비꼬비〉는 어떤 플랫폼에서도 다시 볼 수 없는데, 그럼 요즘 아이들은 도깨비를 무엇으로 어떻게 배웠을까 싶어 인터뷰를 진행해보았다.

| 초등학교 5학년 어린이 | '아이스크림 홈런'이라는 학습용 PC를 통해 도깨비의 존재를 알았어요. 팥죽을 싫어하는 줄 알고 있었는데, 메밀묵을 좋아한다는 건 처음 들어봐요. 내가 아는 도깨비들은 얼굴이 빨갛고 뿔이 두 개 나 있어요. 하얀색 가시가 달린 도깨비방망이를 들고 다니고요. |
|---|---|
| 초등학교 1학년 어린이 | 도깨비요? 『혹부리 영감』 같은 전래동화 책에서 읽었어요. 메밀묵을 좋아하고 팥죽을 싫어하는구나! 전혀 몰랐어요. 도깨비가 어떻게 생겼는지 아냐고요? 머리에 뿔이 나 있고 도깨비방망이를 들고 다녀요. 도깨비방망이는 알록달록한 뿔이 붙어 있는 야구방망이처럼 생겼고요. 근데 이건 왜 물어봐요? |

흠. 같이 살고 있는 1983년생에게 물어보았는데, 놀랍게도 2012년생이나 2016년생들과 크게 다르지 않은 답을 내놓았다. 그 역시 동화를 통해 도깨비의 존재를 알게 되었으며, 나쁜 사람들에게 벌을 주는 요괴라고 배웠단다. 친숙한 존재라기보단 공포스런 존재로 기억하고 있으며, 메밀묵을 좋아하고 팥죽을 싫어하는 건 나중에 크면서 알게 되었다고 했다. 결과적으로 〈꼬비꼬비〉를 접한 특정 연령대만 한국 도깨비를 알고 있는 상태이며(〈꾸러기 수비대〉 주제가와 비슷한 상황이다) 그 연령대를 제외한 이들은 우리나라 도깨비를 일본 요괴의 모습으로 기억하고 있다는 결론이 나왔다. 허허, 이리 통탄스러울 데가. 나는 인터뷰를 진행하며 경악을 금치 못하였다…. 〈꼬비꼬비〉가 기강을 다 잡아놨는데, 눈 깜짝할 새에 그 흔적이 전부 사라진 것이다. 한 발짝 진보했다가 뒤로 몇 발자국 퇴보한 모습을 보는 듯해서 허무했다.

혹시 몰라 유튜브에 '도깨비 동요'라고 검색해보니 일본식 도깨비들의 이미지가 난무했다.* 허허, 게으른 콘텐츠 창작자들 같으니…. 〈신비아파트〉 시리즈에 나오는 도깨비는 〈꼬비꼬비〉에 나온 모습은 아니었지만 일본 도깨비의 모습도 아니어서 약간 위안을 얻었다. 뭐, 내가 콘텐츠 비평가는 아니지만 그래도 〈꼬

---

* '도깨비'로만 검색하니 앞서 말한 드라마 〈쓸쓸하고 찬란하神 도깨비〉의 클립 영상들만 나와서 검색어를 바꿔보았습니다….

비꼬비〉를 사랑하던 사람으로서 이 정도 이야기는 할 수 있지.

앞에서도 잠깐 언급했지만, 〈꼬비꼬비〉는 현재 어디서도 찾아볼 수 없는 상태다. 재미와 교훈을 모두 다 잡은 좋은 작품인데 지금을 살아가는 아이들이 볼 수 없어 아쉽기만 하다. 하지만, 인정하기는 싫지만, 아무래도 옛날 작품인 만큼 지금의 아이들은 좋아하지 않을 수도 있지. 더 좋고 재밌는 콘텐츠가 넘쳐나는 시대고, 아주 어렸을 때부터 그런 콘텐츠를 접해온 아이들의 눈 역시 높아져 있을 테니까. 그러니 지금의 아이들은 더더욱 좋은 메시지와 완성도를 갖춘 작품을 만나야 한다.

바로 그렇기 때문에 우리 아이들이 일본 오니의 이미지에 익숙해져 있다는 사실이 너무나도 아쉽게 느껴지는 것이다. 콘텐츠를 기획하고 창작하는 사람들이 조금만 더 생각하고 관심을 기울였다면 달랐을 텐데. 내가 너무 심각해 보이나요? 하지만 정말로 심각한 문제라고 생각한다.

내가 〈꼬비꼬비〉를 통해 한국식 도깨비의 새로운 면모를 알게 된 것처럼, 현대의 창작자들 또한 아이들의 눈높이에 맞으면서도 우리 고유의 문화 요소를 담은 콘텐츠를 얼마든지 만들 수 있을 거라 생각한다. 나 역시 콘텐츠를 만드는 사람으로서 노력할 테니까, 우리 함께 힘써봅시다. 우리는 우리 시대를 뛰어넘는 콘텐츠를 만들 수 있을 거예요.

# 누가 우리의 눈물을 부정하는가

〈흙꼭두장군〉

오늘도 또 울었다. 난 눈물이 많은 편이다. 이 책을 쓰는 동안에도 몇 번이나 울었다. 〈로봇수사대 케이캅스〉 편을 쓰려고 영화 〈A. I.〉를 다시 보다가 울었다. 4월 17일 월요일, 회사에 세월호 참사 희생자 추모곡 〈천 개의 바람이 되어〉가 흐르기에 듣다가 울었다. 남의 강아지를 빤히 쳐다보다, 지금은 강아지 천국으로 떠나버린 우리 강아지 깜돌이의 발바닥 꼬순내가 생각나서 울었다. 한번은 애니메이션 〈장송의 프리렌〉이 그렇게 재밌다길래 1화를 틀었다가 15분 만에 펑펑 울어서 남편 H를 놀라게 한 적도 있다. ("너 쟤랑 아는 사이야? 왜 그렇게 울어?")

이처럼 눈물이 많은 나이기에, 눈물에 대한 나만의 지론도 있다. 바로 인간은 정기적으로 울어줘야 한다는 것. 그래서 나는 울고 싶을 때가 오면 고이고이 아껴둔 슬픈 영상들과 책을 꺼낸다. 그리고 그걸 보며 엉엉 운다. 뭔가 슬픈 일을 겪은 것도 아닌데, 신기할 정도로 울음이 터져 나온다. 눈물을 뚝뚝 흘리면서도 신기하다고 생각했다. 그랬기에 이런 지론을 세운 것이다. 아무래도 살다 보면 자연스레 가슴속에 이런저런 감정이 쌓이고 쌓이는데, 그걸 눈물로라도 쏟아내야 한다고 본다.

눈물은 정화, 감정의 순수한 결정이다. 울고 나면 확실히 개운해진다. 눈물로 사람을 살렸다는 이야기가 괜히 있는 게 아니구나 싶다. 하지만 우리 사회는 눈물을 별로 좋게 보지 않는다. 자연스레 쏟아지는 눈물은 '가려야 하는 것' '숨겨야 하는 것' '프로답지 않은 것' '미성숙한 것'이다. 기실 눈물뿐이랴. 감정 표현을 크게 하는 것 자체를 탐탁지 않아 한다. "뭘 잘했다고 울어?" "뭐가 좋다고 웃어!"라는 말 같지도 않은 말은 대체 누가 만들었는지.

나만 해도 그렇다. 눈물은 많지만 언제나 몰래 숨어서 운다. 집에서나 실컷 울지. 모두가 울고 있는 상황이라면 최대한 울지 않는 척하려 노력한다. 눈시울이 촉촉해지고 코끝이 빨개졌어도 눈물만은 보이지 않으려 얼른 슥슥 훔쳐낸다. 눈물을 보이는 건… 어쩐지 내 약점을 드러내는 행동처럼 느껴진다. 특히 가족들 앞에서는. 그래서 가끔 엄마는 나를 감정 없는 사이코패스 취급을 한다.

가족들 앞에서 맘 놓고 울었던 적이 언제였더라. 화가 나거나 억울해서가 아니라 정말 순수하게 슬퍼서 울었던 적이…. 역시 〈흙꼭두장군〉을 봤을 때가 아닐까? 당연하게도(!) 만화영화를 보고 울었던 적은 많고 많다. 〈지구용사 선가드〉 마지막 화를 보고 이불을 뒤집어쓴 채 펑펑 울었던 기억이 생생하다. 그 일을 일기에 쓰기도 했다. 하지만 나를 처음으로 울렸던 만화영화는 〈흙꼭두장군〉이다.

〈흙꼭두장군〉은 MBC 문화방송에서 창사 30주년을 기념하여 자체 제작한 만화영화다. 원작은 김병규 작가의 『흙꼭두장군의 비밀』이다. 주인공 '빈수'는 아버지가 우연히 발견한 오래된 왕릉에서 흙꼭두장군과 만난다. 왕릉의 수문장으로서 석실 사이의 문을 여는 꽃열쇠를 지키고 있던 흙꼭두장군은, 발굴 과정에서 이 열쇠를 잃어버렸다며 빈수에게 도움을 요청한다. 그리고 열쇠를 찾으면서 이 둘은 이천 년이라는 세월을 뛰어넘는 우정을 키우게 된다는 내용이다.

1991년 12월에 처음 방영했는데 무려 27.3퍼센트라는 시청률을 기록하여 관계자들이 깜짝 놀랐다고 한다. 크나큰 인기에 힘입어 그 이후에도 명절마다 꾸준히 방영해주었다. 난 아아주 어렸을 때 봤던 기억이 있으니 아마 첫 방영된 1991년이나 1992년 즈음에 보지 않았을까 싶다. 많이 가봤자 1993년? 자체 최고시청률은 38.3%까지 기록했는데, 언제부터인가 '같은 작품을 매번 재탕한다'는 항의가 들어와서 재방영을 중단했단다. 심지어 그 이후에는 관계자의 실수로 테이프가 소실되어 더 이상 원본을

---

2011년에 개정판 『까만 수레를 탄 흙꼭두장군』이 나왔다.

볼 수 없게 되었다고 한다….

　하지만 원본이 사라졌다고 해서 이 작품을 봤던 사람들의 기억과 마음까지 사라지는 것은 아니다. 당장 유튜브에 '흙꼭두장군'이라고 검색해보면 이런저런 영상들이 나오고, 그 아래엔 '어렸을 때 이 작품을 보고 대성통곡하며 울었는데 지금 봐도 가슴이 미어진다'는 댓글들이 줄줄이 달려 있다. 나 역시 그랬다. 이 글을 쓰며 다시 찾아봤다가 또 울었다. 빈수와 흙꼭두장군이 서로를 아끼는 장면이 나올 때마다 울었다. 아니, 그 전에 빈수가 흙꼭두장군을 항상 책보에 넣고 애지중지하는 모습이 나올 때부터 울기 시작했다. 특히 빈수가 위험에 빠지자 흙으로 만들어진 흙꼭두장군이 비를 맞아 몸이 망가지는 것도 아랑곳않고 빈수를 구하려 동분서주하는 부분은 언제 봐도 눈물 버튼이다. 댓글들을 살펴보면 다들 비슷한 부분에서 우는 것 같다. 지금 봐도 너무 귀여운 흙꼭두장군, 하지만 어떻게든 자신의 의무를 다하려 노력하는 흙꼭두장군, 소중한 친구를 돕기 위해 죽음도 불사하는 흙꼭두장군, 그리고 마지막에 숨을 거두는 흙꼭두장군… 어떻게 울지 않을 수가 있단 말인가!

---

　이상하게 우리나라는 이런 실수가 잦은 듯하다. 뒤에 다룰 〈아기공룡 둘리: 얼음별 대모험〉만 해도 원본 필름이 유실되어 여러 가지 과정을 거쳐 4K로 리마스터링한 것이다.

물론 지금 보기에는 만듦새가 다소 엉성한 부분도 있고, 옛날 작품이니만큼 시대상에 맞지 않는 부분도 있다. 그러나 그게 〈흙꼭두장군〉의 가치를, 우리가 〈흙꼭두장군〉을 보며 흘린 눈물의 가치를 떨어뜨리진 않는다. 빈수는 흙꼭두장군의 죽음에 슬퍼하며 눈물을 흘린다. 그리고 흙꼭두장군의 가슴 위, 빈수의 눈물이 떨어져 스며든 자리에 한 송이 꽃이 피어난다. 난 이 장면이야말로 많은 것을 말해준다고 생각한다. 진한 감정이 깃든 눈물에서 새로이 탄생하는 생명.

아, 난 〈흙꼭두장군〉을 볼 때나 맘 놓고 울 수 있었던 것 같다. 맘 놓고 울 수 있었던 때는 그 정도로 어린 시절뿐이었던 것 같다. 내가 입학했던 국민학교가 초등학교로 바뀐 뒤부터 나는 맘 놓고 우는 법을 잊어버렸다. 나뿐만 아니라, 〈흙꼭두장군〉을 보고 울었던 모든 이가 그랬을 것이다.

그렇지만 누가 감히 눈물을 부정할 수 있단 말인가. 눈물은 말 그대로 눈에서 나오는 물이다. 이 물은 다양한 이유로 나올 수 있다. 바람이 불어서, 슬픈 영화를 봐서, 부당한 대우를 당해서, 가족이 억울하게 죽어서, 하품을 해서, 속눈썹이 눈에 들어가서, 좋아하는 사람을 만나서, 원하던 것을 손에 넣어서, 그 외 수많은 이유 때문에 우리는 눈물을 흘린다. 그 이유가 무엇이건 간에 누가 마음대로 눈물을 재단하고 평가할 수 있단 말인가. 우는 게 약점이 되지 않는 사회가 되었으면 좋겠다. 눈물을 숨기지 않아도 되는 사회가 되면 좋겠다. 타인이 눈물을 흘리더라도 '그럴 수도 있지' 생각하며 조용히 눈을 돌리는 사회였으면 좋겠다. 너무 거창한가? 그럼 이렇게 말해볼까. 눈물이 많은 나, 좀 더 마음 편하게 울고 싶다고.

# 나는요 아직도 둘리가 좋은걸

〈아기공룡 둘리: 얼음별 대모험〉

그런 말이 있다. 시간이 흐른 뒤 〈아기공룡 둘리〉를 다시 봤을 때 '고길동' 아저씨의 마음을 이해할 수 있다면 어른이 된 거라고. 이에 힘입어 고길동 아저씨에 대한 재평가도 이루어지는 모양이다. 그런데 사실 난 잘 모르겠다. 아직도 나는 길동이 아저씨를 이해하기 힘들다. 왜 그럴까? 길동이 아저씨가 서울 도봉구에 위치한 자가에 살고 아이가 둘이나 있는 사십 대 남자 과장이라 그런가? 난 경기도에 살고 아이가 없는 삼십 대 중반 여자이니, 그와는 완벽한 대척점에 서 있다고 볼 수도 있겠다.

솔직히 말하자면 나는 아직도 '둘리'가 좋다. 나의 공룡기*에

---

* 앞에서도 잠깐 나왔지만 분명 잊어버렸을 분들을 위해. 공룡기(其)란? 어린이들이 주로 관심을 두는 물품으로 성장과정을 구분하는 비공인·비공식적 단어입니다! 보통 어린이들은 자라며 공룡기·자동차기·로봇기·곤충기·공주기·마법소녀기 등등을 겪게 되는데, 그 순서와 기간은 어린이마다 다르답니다.

는 세 살 차이 나는 남동생과 스티븐 스필버그의 〈쥬라기 공원〉(!!!), 그리고 둘리가 지대한 기여를 했다. 둘리로 말할 것 같으면 TV판 〈아기공룡 둘리〉와 비디오 〈둘리의 배낭여행〉 시리즈, 극장에서 개봉했던 〈아기공룡 둘리: 얼음별 대모험〉까지 전부 보면서 자랐으니 길동이 아저씨보단 둘리에게 정을 붙인 것도 당연하다. 둘리는 나뿐 아니라 내 또래 모든 아이의 공룡기에 큰 영향을 끼쳤을 것이다.

지난 2023년 5월 24일, 〈아기공룡 둘리: 얼음별 대모험〉이 4K 버전으로 새롭게 개봉했다. 1996년 7월 이후 27년 만에 극장에 다시 걸리는 셈이다. 이 작품을 개봉하자마자 바로 보았던 것 같진 않다. 극장에서 본 기억은 없고 브라운관에서 봤던 기억만 생생하니, 아마 1999년 식목일에 KBS 2TV에서 방영한 버전을 본 것이 아닐까 싶다.

  이 작품을 처음 봤을 땐 조금 낯설었다. 일단 둘리의 색감부터가 달랐다. 작중에 잠깐 등장하는 '고길동네 형'의 표현을 빌리자면 "온몸에 멍이 든 것처럼 퍼런" 것이 낯설었다. 컬러코드로 표현하자면, 원래 내가 알던 둘리는 #006600 정도였는데, 이 작품 속 둘리는 연두색이나 옥색에 가까운 #4CCD97이었으니까. 성우들의 목소리도 달랐고(특히 길동이 아저씨!), 무엇보다 스토리라인이 달라서 "이게 뭐지?" 했다. 극장판인 만큼 평행우주 설정을 두었다는데, 어릴 땐 그런 개념을 몰랐으므로 보는 내내 뭔가 이상하다고 생각할 수밖에 없었다.

그렇지만 아무래도 좋았다. 왜냐하면 재밌었으니까! 동생이랑 홀린 듯이 보면서 깔깔 웃었다. '또치'와 '도우너'가 차례대로 등장하면서 둘리까지 셋이서 길동이 아저씨와 만들어내는 티키타카가 재밌었다. 개인적으로는 길동 아저씨의 낚싯대에 걸려 들어온 또치가 쫓겨날 때까지의 장면과 도우너가 아저씨의 버릇을 고쳐주겠다며 대치하는 장면(무려 1964년 영화 〈황야의 무법자〉의 패러디다!), 그 뒤에 길동이 아저씨를 혼내주자며 셋이 도우너의 '타임코스모스'를 타고 과거로 날아가는 장면을 제일 좋아한다. 누구나 했을 법한 생각 아닌가! 얼음별에 도착하면서 일어나는 우당탕탕 좌충우돌이야 좋아하는 사람들이 워낙 많을 테고.

나는 바로 이 우당탕탕 좌충우돌 때문에 둘리를 좋아했다. 삼십 년이 지난 지금도 여전히 둘리에게 마음이 간다. 나는 어릴 적에 정말로 산만하고 요령 없는 아이였기에, 뭔가 잘해보려고 하다가 오히려 더 잘못되거나 망해서 야단을 듣는 경우가 잦았다. TV 속 둘리를 보면 그 시절 내가 보인다. 초능력을 갖고 있긴 하지만 적재적소에 능숙히 쓰질 못해 엉망을 만드는 모습이 어쩐지 나랑 닮았다. 지금도 뭔가 잘해보려 하는데 잘 안 되어서 애를 먹거나, 속이 상하거나 남에게 핀잔을 들으면 둘리가 떠오른다. 둘리의 마음을 이해하던 어린아이가 자라 어른이 되어서도 둘리를 생각하게 하다니, '둘리의 아버지' 김수정 화백은 정말 좋은 캐릭터를 만들어냈다.

  둘리뿐 아니라 모든 캐릭터가 다 친근하다. 둘리 뒤만 졸졸 쫓아다니는 귀엽지만 얄미운 '희동이'는 내 남동생을 무척 닮았다. 외우주에서 뚝 떨어진 건방진 외계인 도우너와 라스베이거스를 들먹이며 잘난 척하는 또치도 내가 가진 모습 중 하나다. 첫머리에 이해하지 못하겠다고 써놨지만 내 안에는 분명 길동이 아저씨 같은 부분도 있을 것이다. 이러니저러니 해도 사실 아저씨도 나쁜 어른은 아니지 싶다. 어디서 왔는지도 모르는 고아 난민 아이들을 다 끌어안은 채 사는 걸 보면. (혹자는 이 작품이 연재되던 1980년대에 만연했던 식객-객식구 문화가 반영된 거라는데, 일리가 있는 말이다.)

아무래도 나만 이 인물들을 사랑한 것 같지는 않다. 〈아기공룡 둘리: 얼음별 대모험〉은 그 당시 기준으로 서울에서만 12만 6,872명이라는 관객수를 기록했으며 전국 관객수는 45만 명을 기록했다니 말이다. 문화체육부가 주관한 '좋은 만화영화상' 부문에서 대상을 수상한 건 물론이고 해외에도 수출하여 나름 성과를 올렸다고 한다. 워너브러더스 측에서 공동투자하는 조건으로 다음 극장판 제작을 제안했지만 IMF 때문에 무산되었다는 이야기도 있고, 이 작품을 제작할 때 자금이 부족해 금융회사에 대출을 신청했었는데 둘리의 저작권을 담보로 삼아 6억 원을 대출받을 수 있었다는 이야기도 있다. 그동안 한국의 극장판 애니메이션 업계는 〈돌아온 영웅 홍길동〉〈블루 시걸〉〈아마게돈〉〈원더풀 데이즈〉 등 소문 난 잔치에 먹을 것 없는 경우가 많았는데, 이만하면 〈아기 공룡 둘리: 얼음별 대모험〉은 극장판 애니메이션 업계에도 한 획을 그은 작품임에 틀림없다.

씩씩하게 살았지만 어쩐지 외로움이 느껴졌던 둘리. 그리고 그런 둘리에게 감정을 이입했던 나. 우리를 감싸주었던 건 가수 오승원 님의 목소리였다. 나는 "쏘옥쏙쏙 방울 빙글빙글"로 시작하는 삽입곡 〈비누방울〉을 들으면 이상하게 눈물이 난다. 물론 〈아기공룡 둘리: 얼음별 대모험〉에도 중간중간 좋은 노래들이 삽입되어 있지만, 오승원 님의 목소리는 뭔가 다르다. 어쩐지 애잔하고 향수가 느껴지는 맑은 목소리. 그 목소리를 들으면 내 마음속 상처를 포근히 덮어주는 것만 같다. 오승원 님은 프로듀서이자 아티스트인 250의 앨범 《뽕》의 마지막 트랙 〈휘날레〉를 불렀는데, 나는 출퇴근길에 치유가 필요하면 그 노래부터 찾는다.

이 글을 쓴 오늘은 어린이날이다. 아이들은 미숙한 게 당연하다. 아직 어른이 아니니까. 모르는 게 많으니까. 둘리처럼, 도우너처럼, 또치처럼 말이다. 그러니까 어른인 우리가 기다려주자. 타박하지 말고. 너무 시혜적인 태도로 가르치려 들지 말고. 윽박지르지도 말고. 그들의 이야기를 들어주자. 용기를 북돋아주자. 뻔한 말 같지만 뻔한 말일수록 실천은 더욱 어려운 법이므로, 노력하자. 그때의 내게, 그때의 우리에게 필요했던 바로 그런 어른이 되어주자. 길동이 아저씨 같은 어른도 좋지만, 음… 그보다는 조금 더 친절하고 다정한 어른으로 기준점을 삼아보는 건 어떨까?

# 저자의 말:
# 와츄고나두(what you gonna do)

내가 지금보다 조금 더 소설에 진심이었을 때, 언젠가 내 소설집이 나와 저자의 말을 쓰게 된다면 '와츄고나두'라는 제목을 붙여야지 했다.

왜냐고? 특별한 이유는 없다. 내가 좋아하는 가수의 노래에 나오는 문구인데, 이런 류의 제목을 붙이는 것이 그땐 멋있어 보였다. 와츄고나두는 what you gonna do를 우리말로 소리 나는 대로 옮긴 것이다. 대강 '이제 뭐 어떻게 할 건데?'라는 뜻이다. 어떤 일을 하다가 벽에 부닥쳤을 때, 나는 이 가사가 나오는 노래 〈Blood sugar〉를 많이 들었다. 그리고 '와츄고나두' 하는 바로 그 대목에서 스스로에게 물었다. 그래, 너 이제 어떻게 할 건데? 그래서 뭘 할 건데? 그러면서 자연스럽게 그다음 트랙을 듣고 그다음 트랙을 들으며… 앨범을 통으로 들어버리곤 했다.

그리고 이제 나는 다시 이 노래를 들으면서 자문한다. 나 그래서 이제 뭐 할 건데? 무슨 얘기를 할 건데?

처음 이 주제로 에세이를 쓸 것을 제안받았을 때, 나는 너무 기뻐 날뛰었다. 내가 그 누구보다 잘 쓸 수 있는 주제라고 자부하면서 열심히 해보겠다고 했다. 열심히 해보겠다고 말한 것치곤 계약 후 너무 오랜 시간이 흘러버렸지만…. (말이 나온 김에 이 자리를 빌려 느린 저자를 기다려주신 이수연 편집장님께 감사의 말씀 전합니다.)

나는 에세이 읽기를 좋아한다. 그래서 이 작업을 쉽게 봤었던 듯하다. 그치만… 아니었다. 내가 써왔던 그 모든 글보다 가장 힘든 장르가 바로 에세이다. 진짜다. 단언할 수 있다.

이 책을 쓰는 내내 '좋은 에세이란 무엇인가'에 대해서 고민했다. 사실 지금도 고민 중이다. 이런 글이 재밌을까? 정말 재밌을까? 사람들은 어떤 에세이를 읽길 원할까? 내 이야기를 어느 정도로 털어놓아야 읽는 사람들이 부담 없이 받아들일 수 있을까? 이런 얘기까지 써도 되나? 하지만 이 얘기를 쓰지 않으면 나는 이 소재를 더 이상 다룰 수 없는데 등등…. 한동안 에세이 책을 부러 멀리했다. 모르는 사이 내가 좋아하는 작가들의 스타일을 흉내 낼까 봐 겁이 났다.

에세이 쓰는 법, 에세이를 만드는 법에 대한 책도 몇 권 읽다가 그만두었다. 비교적 최근에 들춰본 『상황과 이야기』에서 저자인 비비언 고닉은 자기만의 페르소나를 만드는 것이 중요하다고 썼다. 과연 내가 그랬던가? 계속 읽다 보니 이미 많은 작업이 진행된 원고를 처음부터 다시 써야 할 것만 같았다. 그래서 그냥 『상황과 이야기』를 읽다 말고 덮어버렸다. 이제 중요한 건 글의 퀄

리티가 아니라 출간 일정이었으니까….

  그래도 어쩌면… 이 책을 읽은 분들의 가슴속 숨어 있던 추억의 심지에 불꽃을 튀겼으려나? 그랬으면 좋겠다. 나 또한 이 글을 쓰면서 과거의 나에 대해, 그리고 그때와 달라진 지금의 나에 대해 많이 생각하게 되었으니까.

일단 소소하게 달라진 점부터 근황 토크처럼 풀어볼까. 〈쥐라기 월드컵〉에서는 풋살을 해볼까 한다고 썼지만, 지금의 저는 테니스를 시작하여 어느덧 3개월 차가 되었습니다. 아직은 병아리 수준입니다. 참고로 풋살을 추천했던 직장 동료 S 씨는 퇴사를 했습니다(흑흑). 아, 조금 더 자주 등장한 직장 동료 C 씨는 아직 남아 있습니다. 만세!

  그리고 저의 MBTI를 ENFJ라고 썼던 것 같은데, 최근에 다시 검사해봤더니 ENTJ가 나왔습니다. 쿠궁. 회사에서 검사했기 때문에 T가 나온 것이 아닐까 하고 합리적인 의심을 하는 중입니다.

  당근은 이전보다 훨씬 더 잘 먹고 있습니다. 생당근 하나만 먹어보라면 아직 무리지만… 최근 들어 스스로 당근이 들어간 음식을 주문해서 먹기도 합니다. 2월, 친구와 함께 요시다 유니 전시회를 보러 갔다가 세검정돈까스란 식당에 갔는데요, 후기마다 당근 수프를 꼭 시켜야 한다고 하는 거예요. 사진을 보면 그냥 당근 그 자체인데, 내가 〈번개전사 그랑죠〉에서 싫어한다고 컬러코드까지 찍어서 말했던 #FE642E 그 자체인데. 하지만 놀랍게도 새콤하니 매우 맛있었습니다. 그리고 휴가 때마다 일본 도쿄의 아키하바라(!)에 가는데요, 거기서 늘 묵는 숙소에서는 조식으로 후카우라 스노우캐럿으로 만들었다는 당근주스가 나옵니다. 근데 이게 또 사과같이 상큼한 게 맛있더라고요. 찾아보니 날이 추워지면 당근에 당분이 저장되어 숙성된 단맛이 나는 거라 합니다. 당근 특유의 냄새도 전혀 없고요. 정말 맛있으니 나중에 기회가 되면 꼭 마셔보세요.

뭐, 이 정도려나. 사람은 나이가 들면서 몸에 밴 관성에 따라 움직인다지만, 이렇게 하나하나 되짚어 보면 그게 아니라는 걸 알 수 있다. 내가 그랬듯 우리 모두는 변한다. 이걸 보면 참 신기하다. 우리에게는 아직도 가능성이 있는 것이다. 그렇게 생각하면 기분이 좀 좋아진다. "와츄고나두?"라는 질문에 "응, 이렇게 할 건데?" 하고 당당히 대답할 수 있을 것 같다.

얼마 전 꿈에 연락이 끊긴 지 오래된, 가장 절친했던 친구가 꿈에 나왔다. 〈마법소녀 리나〉편에 나오는 진이는 아니지만, 그만큼 마음을 나누었던 친구였다. 꿈에서 친구의 두 손을 꼭 붙잡고 엉엉 울었다. 음. 『나의 민트 맛 소녀시대』가 독자님들에게 그런 책이 되어주면 좋겠다. 기억 저편에 밀어둔 채 살았다가 오랜만에 만난 친구 같은, 너무 반가워서 나도 모르게 꼬옥 붙들게 되는, 그런 책이.

    누군가 이 다음엔 뭘 어떻게 할 거냐고, '와츄고나두?'라고 묻

거든 너무 오랜만이라고, 반갑다고, 앞으로 자주 보자고 소리 내어 말해야지. 정말로 자주 봐요 우리. 마음속 깊은 곳에 있던 추억들을 자주 꺼내어 들여다봐요. 그리고 변한 지금의 나를 받아들이고, 앞으로도 변할 나를 기대해봐요.